Dr Jaerock Lee

Valvake
ja paluge

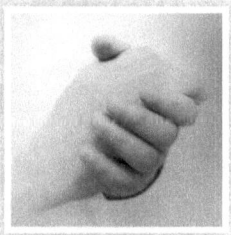

*Ja Jeesus tuli jüngrite juurde ja leidis nad magamast ning ütles Peetrusele:
„Niisiis te ei jaksanud ühtainustki tundi koos minuga valvata?
Valvake ja palvetage, et te ei satuks kiusatusse!
Vaim on küll valmis, aga liha on nõder."*
(Matteuse 26:40-41).

Valvake ja paluge, Dr Jaerock Lee
Kirjastaja: Urim Books (Esindaja: Seongnam Vin)
73, Yeouidaebang-ro 22-gil, Dongjak-gu, Seoul, Korea
www.urimbooks.com

Autoriõigusele allutatud. Seda raamatut või selle osasid ei ole lubatud kirjastaja kirjaliku loata mingil kujul eprodutseerida, otsingusüsteemis säilitada ega edastada mingil kujul ega mingite elektroonsete, mehaaniliste vahenditega sellest fotokoopiaid ega salvestusi teha ega seda mingil muul viisil edastada.

(Piiblitsitaadid: Piibel, Tallinn, 1997 – Eesti Piibliseltsi väljaanne).

Autoriõigus © 2018 – Dr Jaerock Lee
ISBN: 979-11-263-0427-1   03230

Tõlke autoriõigus © 2011 – Dr. Esther K. Chung. Kasutatud autori loal.

Eelnevalt välja antud korea keeles: Urim Books, 2002

Esmaväljaanne juulis 2018

Toimetaja: Dr Geumsun Vin
Kujundaja: Urim Books toimetusbüroo
Trükkija: Prione Priting
Lisateabeks võtke palun ühendust aadressil: urimbook@hotmail.com

Väljaande sõnum

Kui Jumal käsib meil pidevalt palves olla, õpetab Ta meile samuti paljude moodustega, miks me peame pidevalt palvetama ja hoiatab, et me palvetaksime, et me kiusatusse ei sattuks.

Nii nagu tavaline hingamine ei ole tugeva hea tervisega inimese jaoks raske ülesanne, on vaimselt terve inimese jaoks loomulik elada Jumala Sõna järgi ja tavaliselt pidevalt palves olla. Ta ei arva, et see on vaevanõudev, sest inimene on terve ja tal on hea käekäik oma palvetamise määra kohaselt, nii nagu tema hingegi lugu on hea. Seega, palve olulisust ei saa piisavalt palju rõhutada.

Inimene, kelle elu on lõppenud, ei saa oma sõõrmete kaudu hingata. Samamoodi, surnud vaimuga inimene ei suuda vaimselt hingata. Teiste sõnadega, inimvaim surmati Aadama patu tõttu, aga need, kelle vaimu Püha Vaim on sellest ajast peale taastanud, ei või kunagi palvetamist unarusse jätta, kuniks nende vaim elab, nii nagu me ei saa hingamast lakata.

Vastpöördunud, kes on alles hiljuti Jeesuse Kristuse vastu võtnud, on väikelaste sarnased. Nad ei oska palvetada ja neil on kalduvus palvetamist väsitavaks pidada. Aga kui nad ei loobu Jumala Sõna usaldamast ja palvetavad usinalt edasi, kasvab nende vaim ja tugevneb, kui nad energiliselt palvetavad. Siis saavad need inimesed aru, et nad ei saa palvetamata elada, samamoodi nagu nad ei saa hingamata elada.

Palve ei ole vaid meie vaimne hingamine, aga Jumala ja Ta laste vahelise dialoogi kanal, mis peab alati avatuks jääma. Fakt, et tänapäeval lõikavad paljud vanemad ja nende lapsed jutulõnga läbi, on traagiline. Vastastikune usaldus on hävinud ja suhted on pelk formaalsus. Aga ei ole midagi, mida ei saaks oma Jumalale öelda.

Meie kõikväeline Jumal on hooliv Isa, kes teab ja mõistab

meid kõige paremini ja hoiab meil alati teraselt silma peal ning soovib, et me räägiksime Temaga alatasa. Seega on palve kõigi usklike jaoks võti, mis koputab ja avab kõigeväelise Jumala südameukse ja mis on aega ja ruumi läbiv relv. Kas me pole näinud, kuulnud ja vahetult kogenud, kuidas arvukate kristlaste elu ja maailmaajaloo suund on vägeva palve tulemusel muutunud?

Kui me palume palves alandlikult, et Püha Vaim aitaks meid, täidab Jumal meid Püha Vaimuga ja laseb meil mõista Tema tahet selgemalt ja selle kohaselt elada ning võimaldada meil vaenlast kuradit võita ja selles maailmas võidukalt elada. Aga kui inimesel ei õnnestu Püha Vaimu käest juhatust saada, sest ta ei palveta, toetub ta esiteks enam oma mõtetele ja teooriale ja elab Jumala tahte vastaselt valesti ning tal on raske pääseda. Sellepärast öeldakse meile Piiblis Koloslastele 4:2: *„Palvetage* *püsivalt, valvake tänupalves!"* ja Matteuse 26:41: *„Valvake ja palvetage, et te ei satuks kiusatusse! Vaim on küll valmis, aga liha on nõder."*

Jumala ainus Poeg Jeesus sai kogu oma töö Jumala tahte kohaselt palve väe tõttu lõpetada. Isand Jeesus palvetas 40 päeva enne oma avaliku teenistuse algust ja oli meile palveelu eeskujuks, palvetades igal võimalusel ka oma kolmeaastase teenistuse ajal.

Me näeme, kuidas paljud kristlased tõdevad palve tähtsust, aga paljud neist ei saa Jumalalt vastuseid, sest nad ei oska Tema tahte kohaselt palvetada. Mu süda on kaua aega valutanud niisuguseid inimesi nähes ja kuuldes, aga mul on väga hea meel avaldada 20 teenistusaastal ja vahetul kogemusel põhinev raamat palvest.

Ma loodan, et see väike raamat on igale lugejale suureks abiks Jumalaga kohtumisel ja Ta kogemisel ja viib väelisesse palveellu. Ma palun meie Isanda nimel, et iga lugeja võiks valvata ja pidevas palves olla, et tal võiks olla hea tervis ja hea käekäik ja tema hinge lugu võiks edeneda.

Jaerock Lee

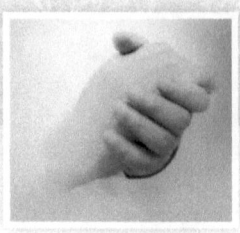

Sisukord

Valvake ja paluge

Väljaande sõnum

1. peatükk
Paluge, otsige ja koputage 1

2. peatükk
Uskuge, et te olete need saanud 19

3. peatükk
Palveelu, millest Jumalal on heameel 31

4. peatükk
Et te ei satuks kiusatusse 51

5. peatükk
Õige inimese tõhus palve 65

6. peatükk
Kui kaks teie seast nõustuvad maa peal 77

7. peatükk
Te peaksite palvetama ja mitte julgust kaotama 91

1. peatükk

Paluge, otsige ja koputage

„Paluge, ja teile antakse, otsige,
ja te leiate, koputage, ja teile avatakse,
sest iga paluja saab ja otsija leiab ja igale koputajale avatakse!
Kas on teie seas sellist inimest,
kellelt ta poeg palub leiba, ent tema annab talle kivi?
Või kui ta palub kala, ent ta annab talle mao?
Kui nüüd teie, kes olete kurjad,
oskate anda häid ande oma lastele,
kui palju enam teie Isa, kes on taevas,
annab head neile, kes teda paluvad!"

Matteuse 7:7-11

1. Jumal annab häid ande neile, kes paluvad

Jumal ei taha, et Ta lapsed kannataksid vaesuse ja haiguse tõttu, vaid soovib, et kõik nende elus hästi läheks. Aga kui me istume lihtsalt tegevusetult ja ei tee mitte midagi, ei lõika me midagi. Kuigi Jumal suudaks anda meile kogu universumis oleva, kuna universum kuulub Talle, tahab Ta, et Ta lapsed paluksid, otsiksid ja saaksid ise hakkama vana ütluse kohaselt: „Sa toidaksid nutvat last."

Kui keegi soovib kõike saada, ise tegevusetult kõrvaltvaataja rolli etendades, ei erine ta aias kasvavatest lilledest. Vanemad on väga masendunud, kui nende lapsed käituvad püsitaimede sarnaselt ja veedavad kogu päeva voodis, püüdmata oma elu elada. Taoline käitumine sarnaneb kogu oma aega puuvilja suhukukkumist oodates raiskava laisa inimese käitumisele.

Jumal tahab, et meist saaksid Ta targad ja hoolsad lapsed, kes paluvad, otsivad ja koputavad innukalt, kogedes sealjuures Ta õnnistusi ja austades Teda. Ta käsib meil just seetõttu paluda, otsida ja koputada. Ükski vanem ei annaks oma lapsele kivi, kui laps palub leiba. Ükski vanem ei annaks oma lapsele kala asemel madu. Isegi kui vanem on väga kuri, soovib ta ikkagi oma lastele häid ande anda. Kas te ei arva, et meie Jumal, kes armastas meid niipalju, et Ta lasi oma ainusündinnud Pojal meie eest surra, ei annaks oma lastele häid ande, kui nad Teda paluvad?

Johannese 15:16 ütleb Jeesus: „*Teie ei ole valinud mind, vaid mina olen valinud teid ja olen seadnud teid, et te läheksite ja kannaksite vilja ja et teie vili jääks. Mida te iganes Isalt palute, seda Ta annab teile minu nimel.*" Kõigeväeline armastuse Jumal tõotab pühalikult meile taevaluugid avada ja meid õnnistada ning isegi meie südamesoovid täita, kui me innukalt palume, otsime ja koputame.

Õppigem selle peatüki lõigust paluma, otsima ja koputama ja saama kõike, mida me Jumalalt palume, et see tooks Talle suurt au ja valmistaks meile suurt rõõmu.

2. Paluge ja teile antakse

Jumal ütleb kõigile inimestele: „Paluge ja teile antakse" ja soovib, et igaüks oleks õnnistatud ja saaks iga palvevastuse. Mida Ta siis meil paluda käsib?

1) Paluge Jumalalt jõudu ja Tema palet näha

Pärast taevaste ja maa ja kõige seal sisalduva loomist lõi Jumal inimese. Ta õnnistas inimest ja käskis tal olla viljakas ja paljuneda, maa täita ja see alistada ja valitseda merekalade ja taevalindude ja kõigi maapealsete elusolendite üle.

Aga pärast seda, kui esimene inimene Aadam ei kuuletunud Jumala Sõnale, kaotas ta need õnnistused ja peitis end Jumala häält kuuldes ära (1. Moosese raamat 3:8). Lisaks võõrdus patuseks muutunud inimkond Jumalast ja oli vaenlase kuradi orjana sunnitud hävingu teele minema.

Armastuse Jumal saatis patuste päästmiseks maa peale oma Poja Jeesuse Kristuse ja avas pääsemise ukse. Kui keegi võtab Jeesuse Kristuse oma Päästjaks vastu ja usub Tema nimesse, andestab Jumal talle kõik patud ja annab talle Püha Vaimu anni.

Pealegi, usk Jeesusesse Kristusesse viib meid pääsemisele ja laseb meil Jumalalt jõudu saada. Me võime elada edukat usuelu ainult siis, kui Jumal annab meile oma jõu ja väe. Teiste sõnadega, me võime maailma võita ja Jumala Sõna alusel elada ainult ülalt saadud armu ja jõu abil ning meil on vaja kuradi võitmiseks Tema vägi vastu võtta.

Laulus 105:4 öeldakse: *"Nõudke Isandat ja Tema võimsust, otsige alati Tema palet!"* Meie Jumal on *"Ma olen see, kes ma olen!"* (2. Moosese raamat 3:14), taevaste ja maa Looja (1. Moosese raamat 2:4) ja kogu ajaloo ning kõige universumis sisalduva Valitseja algusest igavesti. Jumal on Sõna ja Ta lõi Sõna läbi kogu universumis sisalduva ja seega Tema Sõna on vägi. Kuna inimese sõnad on pidevalt muutlikud, ei sisalda nad loomise väge ega pane asju sündima. Vääratest ja alati muutuvatest inimeste sõnadest erinevalt on Jumala Sõna elav ja täis väge ning võib põhjustada loomistegusid.

Seega, hoolimata inimese jõuetusest, kui see inimene kuuleb

elavat Jumala Sõna ja usub seda kahtlemata, võib ka tema teha loomistegusid ja luua eimillestki midagi. Ilma Jumala Sõna uskumata on võimatu eimillestki midagi luua. Sellepärast kuulutas Jeesus kõigile, kes Tema juurde tulid: *„Sulle sünnib Su usu kohaselt"* (Matteuse 8:13). Kokkuvõttes tähendab Jumalalt jõu palumine sama, mida Temalt usu palumine.

Mida siis tähendab „Tema palge pidev otsimine"? Nii nagu öeldakse, et me ei saa kedagi „tunda" tema nägu nägemata, tähendab „Tema palge otsimine" pingutust, mida me teeme „Jumala olemuse" avastamise käigus. See tähendab, et varem Jumala palge otsimist ja Tema hääle kuulmist vältinud avavad nüüd oma südame, otsivad Jumalat ja mõistavad Teda ja püüavad Ta häält kuulda. Patune ei saa oma pead tõsta ja püüab oma palet teistest eemale pöörata. Aga kui talle andestatakse, võib ta oma pea tõsta ja teisi inimesi näha.

Samamoodi, kõik inimesed on Jumala Sõnale mitte kuuletumise tõttu patused olnud, aga kui inimene saab Jeesust Kristust vastu võttes andeks ja temast saab Püha Vaimu vastuvõtmise kaudu jumalalaps, võib ta näha selgelt Jumalat, kes on Valgus, sest õiglane Jumal on ta õigeks kuulutanud.

Jumal käsib igaühel „paluda, et nad võiksid Jumala palet näha" peamiselt sellepärast, et Ta tahab iga patuse Jumalaga lepitamist ja Püha Vaimu vastuvõtmist pärast seda, kui nad paluvad, et nad võiksid Jumala palet näha, et neist saaksid jumalalapsed, kes võivad Temaga silmitsi seista. Kui inimesest saab Looja Jumala laps, saab ta taeva, igavese elu ja õnne, millest suuremat õnnistust pole.

2) Paluge, et te võiksite saada jumalariigi ja selle õiguse

Inimene, kes võtab Püha Vaimu vastu ja saab jumalalapseks, võib elada uut elu, sest ta on Jumala Vaimust uuesti sündinud. Jumal, kes peab ühte hinge taevastest ja maast kallimaks, käsib oma lastel Temalt eelkõige paluda jumalariigi ja selle õiguse teoks tegemist (Matteuse 6:33).

Jeesus räägib meile Matteuse 6:25-33 järgmist:

> *Seepärast ma ütlen teile: Ärge muretsege oma pärast, mida süüa, ega oma ihu pärast, millega riietuda! Eks hing ole enam kui toidus ja ihu enam kui rõivas? Pange tähele taeva linde: nad ei külva ega lõika ega kogu aitadesse, ning teie taevane Isa toidab neid. Eks teie ole palju enam väärt kui nemad? Aga kes teie seast suudab muretsemisega oma elule ühe küünragi juurde lisada? Ja rõivastuse pärast, mis te muretsete? Pange tähele lilli väljal, kuidas nad kasvavad: ei näe nad vaeva ega ketra, aga ma ütlen teile, et isegi Saalomon kogu oma hiilguses ei olnud nõnda ehitud nagu igaüks neist. Kui aga Jumal nõnda*

rüütab väljal rohtu, mis täna on ja homme visatakse ahju, eks siis veelgi enam teid, te nõdrausulised! Ärge siis hakake muretsema, öeldes: „Mis me sööme?" või „Mis me joome?" või „Millega me riietume?" Sest kõike seda taotlevad paganad. Teie taevane Isa teab ju, et te seda kõike vajate. Aga otsige esmalt Jumala riiki ja Tema õigust, siis seda kõike antakse teile pealegi!

Mida tähendab siis „jumalariigi otsimine" ja mida tähendab „Tema õiguse otsimine"? Teiste sõnadega, mida me palume jumalariigi ja selle õiguse teostumiseks?

Jumal saatis vaenlase kuradi orjaks olnud ja hävingule määratud inimkonnale maa peale oma ainusündinud Poja ja lasi Jeesusel ristisurma surra. Jeesuse Kristuse kaudu taastas Jumal ka meie kadumaläinud meelevalla ja lasi meil päästeteed mööda minna. Mida rohkem me levitame uudiseid Jeesusest Kristusest, kes suri meie eest ja ärkas ellu, seda enam saatana vägi hävib. Mida rohkem saatana vägi hävib, seda enam kadumaläinud hingi jõuab pääsemisele. Mida rohkem kadumaläinud hingi pääsemisele jõuab, seda rohkem jumalariik avardub. Seega „jumalariigi otsimine" tähendab palvet hingedepäästmise töö või maailmamisjoni eest, et kõik inimesed võiksid jumalalasteks saada.

Varem elasime me pimeduses ja patu ja kurjuse keskel, aga Jeesus Kristus andis meile väe valguse enese – Jumala ette tulekuks. Kuna Jumal elab headuses ja õigsuses ja valguses, ei saa inimesed patu ja kurjaga Tema ette tulla ega Tema lasteks saada.

Seega „Jumala õiguse otsimine" tähendab palvet surnud inimvaimu elustamiseks, inimhinge heaks käekäiguks ja Jumala Sõna kohaseks õigeks eluks. Meil on vaja paluda, et Jumal laseks meil kuulata ja Jumala Sõna abil valgustatud saada, patust ja pimedast välja tulla ja valguses elada ning Jumala pühadust järgides pühitsusele jõuda.

Liha tegudest Püha Vaimu soovi kohaselt vabanemine ja tões elamise kaudu pühitsusele tulek teevad Jumala õiguse teoks. Lisaks, kui me palume Jumala õiguse teostumist, on meil ka hea tervis ja hea käekäik, nii nagu me hingegi lugu on hea (3. Johannese kiri 1:2). Sellepärast Jumal käsib meil esiteks paluda jumalariigi ja selle õiguse teostumist ja lubab, et me saame ka kõik muu, mida me palume.

3) Paluge, et te võiksite saada Ta töötegijaks ja Jumalalt saadud ülesanded teoks teha

Kui te palute jumalariigi ja selle õiguse teostumist, tuleb teil samuti paluda, et te võiksite Ta töötegijaks saada. Kui te olete juba Ta töötegija, tuleb teil tõsiselt palvetada, et te võiksite Jumalalt saadud ülesanded teostada. Jumal tasub neile, kes Teda tõsiselt otsivad (Heebrealastele 11:6) ja tasub igaühele tehtu kohaselt (Johannese ilmutus 22:12).

Johannese ilmutuses 2:10 ütleb Jeesus meile: *„Ole ustav*

surmani, ja ma annan sulle elupärja!" Isegi selles elus, kui inimene õpib usinalt, saab ta stipendiumid ja pääseb heasse ülikooli. Kui inimene töötab oma töökohal palju, võidakse teda edutada, teda koheldakse paremini ja ta saab rohkem palka.

Samamoodi, kui Jumala lapsed täidavad ustavalt Jumala käest saadud ülesandeid, võidakse neile anda suuremad ülesanded ja tasud. Selle maailma tasud ei ole oma suuruse ega au poolest kuningriigi tasudega võrreldavad. Seega me kõik peame oma töökohal usus innukamaks muutuma ja paluma, et me võiksime Jumala väärtuslikuks töötegijaks saada.

Kui inimesel ei ole veel Jumalalt saadud ülesannet, peab ta palvetama, et ta võiks jumalariigi töötegijaks saada. Kui Jumal on kellelegi juba ülesande andnud, peab ta paluma, et ta võiks seda hästi teoks teha ja suuremat ülesannet ootama. Ilmik peab paluma, et temast saaks diakon, kuna aga diakon peab paluma, et ta saaks vanemaks. Kodugrupi juht peab paluma, et temast saaks piirkondliku alagrupi juht, piirkondliku alagrupi juht peab paluma, et ta saaks piirkondlikuks juhiks ja viimane peab sellest veelgi kõrgemale tõusma.

See ei tähenda, et inimene peaks paluma vanema või diakoni tiitlit. See tähendab, et ta soovib oma kohustes ustav olla ja annab nende täitmisel enesest kõik ning teenib ja Jumal saab teda veelgi rohkem kasutada.

Jumalalt ülesanded saanud inimese jaoks on kõige olulisem

ustavus, millega ta on enam kui suuteline olemasolevatest isegi suuremaid ülesandeid teoks tegema. Selleks peab ta palvetama, et Jumal võiks teda kiita sõnadega: „Hästi tehtud, hea ja ustav sulane!"

1. Korintlastele 4:2 öeldakse: *„Ent majapidajailt nõutakse, et nad oleksid ustavad."* Seega, igaüks meist peab paluma, et temast võiks saada Jumala ustav töötegija meie kogudustes, Kristuse Ihus ja meie erinevatel ametikohtadel.

4) Paluge igapäevast leiba

Jeesus sündis inimese vaesusest lunastamiseks vaesena. Jeesust piitsutati ja Ta valas oma vere iga tõve ja haiguse tervendamiseks. Seega, jumalalaste jaoks on vaid loomulik rikkalt ja tervelt elada ja et kõik nende elus hästi läheb.

Kui me esiteks palume jumalariigi ja selle õiguse teostumist, ütleb Ta, et kõike seda antakse meile pealekauba (Matteuse 6:33). Teiste sõnadega, pärast jumalariigi ja selle õiguse teostumist tuleb meil palvetada selles maailmas eluks vajalike asjade eest nagu toidu, riietuse, peavarju, töö, töiste õnnistuste, perekondliku heaolu ja sarnase eest. Jumal vastab siis neile palvetele oma lubaduse kohaselt. Pidage meeles, et kui me palume niisugust oma himurate soovide rahuldamiseks ja ei tee seda Tema austamiseks, ei vasta Jumal meie palvetele. Jumalal ei ole patustest soovidest tärganud palvega midagi ühist.

3. Otsige ja te leiate

Kui te „otsite", tähendab see, et te olete midagi kaotanud. Jumal tahab, et inimestel oleks see „miski", mis neil kaduma läks. Kuna Ta käsib meil otsida, tuleb meil esiteks kindlaks määrata, mis meil kaduma läks, et me võiksime toda kadumaläinut otsida. Meil tuleb ka aru saada, kuidas seda leida.

Mida me siis kaotasime ja kuidas seda „otsida"?

Jumala loodud esimene inimene oli elusolend, kes koosnes vaimust, hingest ja ihust. Elusolendina, kes võis suhelda Jumalaga, kes on Vaim, koges esimene inimene kõiki Jumalalt saadud õnnistusi ja elas Tema Sõna kohaselt.

Aga pärast saatana kiusamist ei kuuletunud esimene inimene Jumala käsule. 1. Moosese raamatus 2:16-17 kirjutatakse: *„Ja Isand Jumal keelas inimest ja ütles: „Kõigist aia puudest sa võid küll süüa, aga hea ja kurja tundmise puust sa ei tohi süüa, sest päeval, mil sa sellest sööd, pead sa surma surema!"*"

Isegi kui inimese täiskohuseks on karta Jumalat ja Ta käsuseadustest kinni pidada (Koguja 12:13), ei pidanud esimene loodud inimene Jumala käsust kinni. Lõpuks, kuna Jumal hoiatas teda, suri temas olev vaim pärast hea ja kurja tundmise puust söömist ja temast sai hingeline inimene, kes ei suutnud enam Jumalaga suhelda. Lisaks surid kõigi ta järglaste vaimud ja nad muutusid lihalikeks inimesteks, kes ei suutnud enam oma täit kohust täita. Aadam aeti Eedeni aiast minema, neetud maale.

Tema ja kõik ta järeltulijad pidid nüüd kurbuse, kannatuste ja haiguse keskel elama ja said süüa vaid palehigis tööd tehes. Lisaks, nad ei saanud enam Jumala loodu eesmärgi väärilist elu elada, vaid kuna nad hakkasid oma mõtetega kooskõlas olles tähenduseta asju taotlema, muutusid nad rikutuks.

Selleks, et surnud vaimuga inimene, kes on ainult hinge ja lihaga, elaks taas Jumala loodu eesmärgi vääriliselt, on vaja ta kadunud vaimu taastumist. Ainult siis, kui inimese sees olev surnud vaim elavdub, tekib vaiminimene ja ta suhtleb Jumalaga, kes on Vaim ja suudab tõelise inimese moodi elada. Sellepärast Jumal käsib meil otsida me kadumaläinud vaimu.

Jumal avas kõigile inimestele tee nende surnud vaimu elustamiseks ja see tee on Jeesus Kristus. Kui me usume Jeesusesse Kristusesse, saame me Jumala lubaduse kohaselt Püha Vaimu ja Ta tuleb ja elab meis ning elustab me surnud vaimu. Kui me otsime Jumala palet ja võtame Jeesuse Kristuse vastu pärast seda, kui me kuuleme Ta koputust oma südameuksele, tuleb Püha Vaim ja annab meie vaimule elu (Johannese 3:6). Kui me elame Pühale Vaimule kuuletudes ja vabaneme liha tegudest, kuulates innukalt Jumala Sõna, seda enesesse võttes, sellest oma leiva tehes ja selle eest palvetades, suudame me Tema abil Ta Sõna kohaselt elada. Selle protsessi käigus muutub me surnud vaim elavaks ja me muutume vaimseks inimeseks ning meis taastub Jumala kadumaläinud kuju.

Kui me tahame väga toitvat munakollast tarbida, tuleb meil esiteks munakoor puruks lüüa ja munavalge eemaldada. Samamoodi, selleks, et inimene võiks vaimseks inimeseks muutuda, peab ta vabanema lihalikest tegudest ja Püha Vaimu abil vaimust sündima. Jumal rääkis niisugusest „otsimisest".

Oletame, et kogu maailma elektrisüsteemid sulguksid. Ükski üksi tegutsev ekspert ei suudaks neid süsteeme taastada. Eksperdil kuluks kaua aega elektrike väljasaatmiseks ja vajalike osade tootmiseks, et igas maailmanurgas elektriside taastada.

Samamoodi, selleks et surnud vaimu elustada ja terve vaimuga inimeseks saada, tuleb Jumala Sõna kuulata ja teada. Aga Sõna teadmisest üksnes ei piisa, et vaimseks muutuda, inimesel tuleb usinalt Jumala Sõna vastu võtta, sellest oma leib teha ja selle eest palvetada, et ta võiks Sõna kohaselt elada.

4. Koputage ja teile avatakse uks

„Uks", millest Jumal rääkis, on tõotuse uks, mis avaneb, kui sellele koputada. Missugusele uksele Jumal meid koputada käskis? Tegu on meie Jumala südameuksega.

Enne seda, kui me koputasime oma Jumala südameuksele, koputas Tema esimesena meie südameuksele (Johannese ilmutus 3:20). Selle tulemusel me avasime oma südameukse ja võtsime Jeesuse Kristuse vastu. Nüüd on meie kord Tema südameuksele koputada. Kuna meie Jumala süda on taevastest avaram ja ookeanist sügavam, võime me Tema mõõtmatu südame uksele koputades ükskõik mida saada.

Kui me palvetame ja koputame Jumala südameuksele, avab Ta taevaväravad ja valab meid aaretega üle. Kui Jumal, kes avab, mida keegi ei sule ja kes suleb, mida keegi ei ava, avab taevaluugid ja lubab meid õnnistada, ei saa keegi Tema tee peal ja õnnistuste voolu ees seista (Johannese ilmutus 3:7).

Me võime Jumalalt Tema südameuksele koputades vastused saada. Aga inimene saab kas suure või väikese õnnistuse sõltuvalt sellest, kui palju ta uksele koputab. Kui ta soovib suurt õnnistust saada, peavad taevaluugid täiesti valla minema. Seega, ta peab Jumala südameuksele veelgi enam ja usinamalt koputama ja Talle meelepärane olema.

Kuna Jumalale on meeltmööda ja valmistab rõõmu, kui me vabaneme kurjast ja elame Tema käsuseaduste kohaselt tões, võime me Jumala Sõna kohaselt elades saada Temalt, mida iganes me palume. Teiste sõnadega „Jumala südameuksele koputamine" tähendab Jumala käskude kohast elu.

Kui me koputame innukalt Jumala südameuksele, ei noomi Ta meid kunagi ega ütle: „Miks sa nii kõvasti koputad?" Tegelikult on lugu vastupidine. Jumal on veelgi rõõmsam ja soovib meile veelgi enam anda kõike, mida me palume. Seega, ma loodan, et te koputate oma tegudega Jumala südameuksele, saate kõik palutu ja toote sellega Jumalale suurt au.

Kas te olete kunagi ragulkaga lindu püüdnud? Ma mäletan kunagi oma isa sõbralt kuuldut. Ta kiitis mu ragulka valmistamise oskust. Ragulka on seadeldis, mis valmistatakse hoolikalt puutükki nikerdades ja millega lennutatakse Y-kujulise puutüki külge seotud kummipaela abil kivi.

Kui Matteuse 7:7-11 ragulkakiviga samastada, tähendab „palumine" seda, et me leiame kivi, millega lindu püüda. Siis tuleb teil omandada võime lindu hästi tabada. Mis kasu oleks ragulkast ja kivist, kui te sellega lasta ei oska? Võib-olla tahate te ehitada sihtmärgi ja tutvuda ragulka omadustega, märkilaskmist harjutada ja otsustada lind püüda ja selleks parimad viisid leida. See protsess võrdub „otsimisega". Jumalalapsena Jumala Sõna lugedes, enesesse võttes ja sellest oma leiva tehes varustute te nüüd Tema vastuste saamise jaoks vajalikuga.

Kui te olete saanud ragulka käsitlemise oskuse selgeks ja lasete sellega hästi, tuleb teil nüüd lasta ja seda võib võrrelda „koputamisega". Isegi kui ragulka ja kivi on valmis ja isegi kui te olete omandanud nendega laskmise oskuse, aga te ei lase, ei püüa te lindu. Teiste sõnadega, me saame Temalt palutu ainult oma südames meile leivaks saanud Jumala Sõna kohaselt elades.

Palumine, otsimine ja koputamine ei ole eraldi protsessid, vaid läbipõimuv protseduur. Nüüd te teate, mida paluda, mida otsida ja kuhu koputada. Ma palun meie Isanda nimel, et te võiksite Jumalat Ta õnnistatud lapsena väga austada kui te saate oma südamesoovidele palve kaudu vastused usinalt ja innukalt paludes, otsides ja koputades!

2. peatükk

Uskuge, et te olete need saanud

Tõesti, ma ütlen teile,
kes iganes ütleb tollele mäele:
„Kerki ja kukuta end merre!" ega kõhkle oma südames,
vaid usub, et see, mis ta räägib, sünnib, siis see saabki talle!
Seepärast ma ütlen teile: Kõike,
mida te iganes palves endale palute – uskuge,
et te olete saanud, ja see saabki teile!

Markuse 11:23-24

1. Suur usuvägi

Ühel päeval kuulsid Jeesusega kaasas käivad jüngrid, kuidas nende õpetaja ütles viljatule viigipuule: „*Ei tule sinust enam iialgi vilja!*" Kui nad nägid puud juurtest kuivanud olevat, hämmastusid jüngrid ja pärisid Jeesuselt selle kohta. Ta ütles neile vastuseks: „*Aga Jeesus vastas neile: Tõesti, ma ütlen teile, kui teil oleks usku ja te ei mõtleks kaksipidi, siis te ei teeks uksnes seda, mis juhtus viigipuule, vaid kui te sellele mäele ütleksite: „Kerki ja kukuta end merre!"*, siis see sünniks" (Matteuse 21:21).

Jeesus lubas meile samuti: „*Tõesti, tõesti, ma ütlen teile, kes usub minusse, see teeb neidsamu tegusid, mida mina teen, ja ta teeb nendest hoopis suuremaid, sest mina lähen Isa juurde ja mida te iganes palute minu nimel, seda ma teen, et Isa saaks kirgastatud Pojas. Kui te midagi minult palute minu nimel, siis ma teen seda*" (Johannese 14:12-14) ja „*Kui te jääte minusse ja minu sõnad jäävad teisse, siis paluge, mida te iganes tahate, ning see sünnib teile. Selles on minu Isa kirgastatud, et te kannate palju vilja ja saate minu jüngriteks*" (Johannese 15:7-8).

Lühidalt, kuna Looja Jumal on Jeesuse Kristuse vastuvõtnute Isa, võivad nad oma südamesoovidele vastused saada, kui nad usuvad Jumala Sõna ja kuuletuvad sellele. Matteuse 17:20 ütleb Jeesus: „*Teie nõdra usu pärast. Sest tõesti, ma ütlen teile, kui teil oleks usku sinepiivakese võrra ja te ütleksite sellele mäele:*

„Siirdu siit sinna!", *siis ta siirduks, ja miski ei oleks teile võimatu.* " Miks siis nii paljudel inimestel ei õnnestu Jumalalt palvevastuseid saada ja Teda austada, hoolimata arvukatest palves veedetud tundidest? Vaatleme, kuidas me saame Jumalat austada, kui me saame vastused kõigele, mida me palume ja Temalt küsime.

2. Uskuge kõigeväelist Jumalat

Selleks, et inimene saaks oma elu sünnihetkest alal hoida, vajab ta vajalikke asju – toitu, riideid, peavarju ja sarnast. Aga eluspüsimiseks on kõige vajalikum hingamine; see võimaldab elueksistentsi ja teeb elamise väärtuslikuks. Kui Jumala lapsed, kes on Jeesuse Kristuse vastu võtnud ja uuesti sündinud, vajavad ka palju eluks vajalikku, on palve nende elu jaoks kõige olulisem.

Palve on dialoogikanal Jumalaga, kes on Vaim ja hingab ka meie vaimu. Pealegi, kuna palve on samuti Jumala palumise ja Temalt palvevastuste saamise vahend, seisneb palve kõige olulisem külg südames, millega me usume kõigeväelist Jumalat. Sõltuvalt inimese usumäärast palvetamisel, tunneb ta Jumala vastuste saamise kindlust ja saab vastused oma usu kohaselt.

Aga kes on see Jumal, keda me usume?

Jumal kirjeldas ennast Johannese ilmutuses 1:8 ja ütles: *„Mina olen A ja O,"* ütleb Isand Jumal, *„kes on ja kes oli* *ja kes tuleb, Kõigeväeline."* Vanas Testamendis kujutatud Jumal oli kogu universumi Looja (1. Moosese raamat 1:1-31) ja lõhestas Punase mere, lastes siis Egiptusest lahkunud iisraellastel sellest läbi minna (2. Moosese raamat 14:21-29). Kui iisraellased kuuletusid Jumala käsule ja marssisid seitse päeva ümber Jeeriko linna ja hüüdsid valju häälega, varisesid hävimatuna välja paistnud Jeeriko linnamüürid kokku (Joosua 6:1-21). Kui Joosua palus Jumalat keset emorlaste vastu peetud lahingut, pani Jumal päikese paigal seisma ja kuu peatuma (Joosua 10:12-14).

Uues Testamendis äratas Jeesus, kõigeväelise Jumala Poeg, surnu hauast üles (Johannese 11:17-44), tervendas igasugust haigust ja tõbe (Matteuse 4:23-24), avas pimedate silmad (Johannese 9:6-11) ja pani jalust vigased tõusma ja taas kõndima (Apostlite teod 3:1-10). Ta ajas samuti oma Sõnaga korraga ära vaenlase kuradi ja kurjad vaimud (Markuse 5:1-20) ja andis viie leivapätsi ja kahe kala abil piisavalt toitu 5000 mehe toitmiseks ja rahuloluks (Markuse 6:34-44). Lisaks näitas Ta meile tuult ja laineid vaigistades vahetult, et Ta oli kogu universumi valitseja (Markuse 4:35-39).

Seega me peame uskuma kõigeväelist Jumalat, kes annab meile oma külluslikust armastusest häid ande. Jeesus ütles meile Matteuse 7:9-11: *„Kas on teie seas sellist inimest, kellelt ta poeg palub leiba, ent tema annab talle kivi? Või kui ta palub kala, ent ta annab talle mao? Kui nüüd teie, kes olete kurjad,* *oskate anda häid ande oma lastele, kui palju enam teie Isa, kes on taevas, annab head neile, kes teda paluvad!"* Armastuse Jumal tahab anda oma lastele parimaid ande.

Jumal andis oma ülevoolavas armastusest oma ainusündinud Poja. Mida Ta meile sellele lisaks andmata jätaks? Jesaja 53:5-6 öeldakse: *"Ent Teda haavati meie üleastumiste pärast, löödi meie süütegude tõttu. Karistus oli Tema peal, et meil oleks rahu, ja Tema vermete läbi on meile tervis tulnud. Me kõik eksisime nagu lambad, igaüks meist pöördus oma teed, aga Isand laskis meie kõigi süüteod tulla Tema peale."* Jumala poolt meie jaoks valmistatud Jeesuse Kristuse kaudu muutusime me surnuist elavaks ja võime kogeda rahu ning terveneda.

Kui jumalalapsed teenivad kõigeväelist ja elavat Jumalat oma Isana ja usuvad, et Jumal pöörab kõik asjad heaks nende jaoks, kes Teda armastavad ja vastab neile, kes Teda appi hüüavad, ei tohiks nad kiusatuse ja kannatuse ajal muretseda ega ängi tunda, vaid peaksid selle asemel hoopis tänama, rõõmustama ja palvetama.

„Jumala uskumine" tähendab seda ja Tal on heameel niisuguse usu väljanäitamise nägemisest. Jumal vastab meie ka meie usu kohaselt ja laseb meil meile oma olemasolu kohta tunnistusi näidates Teda austada.

3. Küsige usus ja ärge kahelge

Taevaste, maa ja inimkonna Looja Jumal lasi inimesel Piibli kirja panna, et Ta tahe ja ettehoole saaks kõigile teatavaks. Jumal näitab ennast igal ajal neile, kes usuvad Tema Sõna ja kuuletuvad sellele ja tõendab meile imeliste tunnustähtede ja imede ilmsiks tegemise kaudu, et Ta on elav ja kõigeväeline. Me võime elavat Jumalat uskuda pelgalt loodut nähes (Roomlastele 1:20) ja austada Jumalat Tema vastuste eest meie palvetele ja usule Temasse.

On olemas „lihalik usk", millega me võime uskuda, sest meie teadmised või mõtted ühtivad Jumala Sõnaga ja „vaimne usk", mille abil me saame Temalt palvevastused. Kuna Jumala Sõnas räägitu on inimlike teadmiste ja mõtete taustal usutamatu, annab Jumal meile usu ja kindlusetunde, kui me palume Jumalat uskudes. Need kaks muutuvad selgepiiriliseks vastuseks ja siin on tegu vaimse usuga.

Seega, Jakoobuse 1:6-8 öeldakse meile: *„Aga ta palugu usus, ilma kahtlemata, sest kahtleja sarnaneb tuule tõstetud ja sinna-tänna paisatud merelainega. Selline inimene ärgu ometi arvaku, et ta midagi saab Isandalt, ta on hingelt kaksipidine mees, ebakindel kõigil oma teedel."*

Kahtlemine tuleb inimlikest teadmistest, mõtest, väidetest ja nõudlustest ja selle toob meile vaenlane kurat. Kahtlev süda on kahemeelne ja salakaval ning Jumal põlastab seda kõige enam. On väga traagiline, kui teie lapsed ei suuda uskuda, vaid kahtlevad selle asemel, kas teie olete nende bioloogiline isa või ema? Samamoodi, kuidas võiks Jumal oma laste palvetele vastata, kui nad ei suuda uskuda, et Ta on nende Isa, kuigi Ta kandis nad ilmale ja toitis neid?

Meile meenutatakse sellega, et: *"Seepärast et lihalik mõtteviis on vaen Jumala vastu, sest ta ei alistu Jumala Seadusele ega suudagi seda. Kes elavad oma loomuse järgi, need ei suuda meeldida Jumalale"* (Roomlastele 8:7-8) ja meid õhutati sõnadega *"ja purustame iga kõrkuse, mis tõstab end jumalatunnetuse vastu, ja me võtame vangi Kristuse sõnakuulmisse kõik mõtted"* (2. Korintlastele 10:5).

Kui meie usk muutub vaimseks usuks ja meis pole mitte mingit kahtluseraasugi, on Jumalal sellest äärmiselt hea meel ja Ta annab meile kõike, mida me palume. Kui Mooses ega Joosua ei kahelnud, vaid tegutsesid üksnes usus, võisid nad lõhestada Punase mere, ületada Jordani jõe ja hävitada Jeeriko müürid. Samamoodi, kui mäele südames kahtlemata öelda: "Tõuse ja lange merre", uskudes öeldu sündimisse, sünnib see teile.

Oletame, et te ütlete Everesti mäele "Mine ja vaju India ookeani." Kas te saaksite oma palvele vastuse? Kui Everesti mägi vajuks India ookeani, järgneks sellele selgelt ülemaailmne kaos. Kuna see ei saaks Jumala tahe olla ja ei ole seda, jääb niisugune palve vastuseta, hoolimata sellest, kui palju selle eest palvetada, sest Jumal ei anna teile vaimset usku, mille abil Teda uskuda.

Kui te palvetate, et saavutada midagi Jumala tahte vastast, ei saa te niisugust usku, millega te võiksite oma südames uskuda. Te võite esialgu uskuda, et te palve võib saada vastuse, aga aja jooksul hakkab kahtlus kogunema. Üksnes siis, kui me palume ja küsime Jumala tahte kohaselt, väiksemagi kahtlseraasuta, saame me Temalt vastused. Seega, kui te pole oma palvele veel vastust saanud, tuleb teil mõista, et see juhtus, kuna te küsisite midagi Jumala tahte välist või te eksite kaheldes või te kahtlesite Tema Sõnas.

1. Johannese kirjas 3:21-22 meenutatakse meile: *„Armsad, kui meie süda ei süüdista, siis on meil julgus Jumala ees ja mida me iganes palume, seda me saame Temalt, sest me peame Tema käske ja teeme, mis on Tema silmis meelepärane."*

Jumala käskudele kuuletuvad inimesed, kes teevad seda, mis on Talle meelepärane, ei palu Jumala tahte vastaseid asju. Me võime saada kõike, mida me palume, niikaua kuni me palve on Tema tahtega kooskõlas. Jumal ütleb meile: *„Kõik, mida te palves palute, uskuge, et te olete need saanud ja see sünnib teile"* (Markuse 11:24).

Selleks tuleb Jumala vastuste saamiseks esiteks Temalt saada vaimset usku, mida Ta annab teile, kui te tegutsete ja elate Tema Sõna alusel. Kui te hävitate kõik argumendid ja mõtisklused, mis on jumalatunnetuse vastu tõusnud, kaovad kahtlused ja te saate omale vaimse usu ning seega kõik palvevastused.

4. Kõik, mida te palves palute, uskuge, et te olete selle saanud

4. Moosese raamatus 23:19 meenutatakse meile: „*Jumal ei ole inimene, et Ta valetaks, inimlaps, et ta kahetseks. Kas Tema ütleb, aga ei tee, või räägib, aga ei vii täide?*"

Kui te tõesti usute Jumalat, paluge usus vähimagi kahtluseraasuta ja siis tuleb teil uskuda, et te olete saanud kõik, mida te palves palusite. Jumal on kõikvõimas ja ustav ja lubab meile vastata.

Miks siis nii paljud inimesed ütlevad, et neil ei õnnestunud Temalt usupalvest hoolimata vastuseid saada? Kas sellepärast, et Jumal ei vastanud neile? Ei. Jumal vastas kindlasti nende palvele, kuid vastuse saamine võtab aega, kuna nad ei ole end valmistanud astjaks, mis oleks Ta vastuste mahutamist väärt.

Kui põllumees külvab seemneid, usub ta, et ta lõikab vilja, aga ta ei saa vilja kohe kokku koguda. Pärast seemnete külvamist nad tärkavad, õitsevad ja kannavad vilja. Mõne seemne puhul kulub viljakandmiseks rohkem aega kui teiste puhul. Samamoodi nõuab Jumalalt vastuste saamise protsess niisuguse külvamise ja kasvatamise protseduure.

Oletame, et keegi õpilane palub Jumalat: „Lase mul Harvardi Ülikooli sisse saada ja seal õppida." Kui ta palvetas Jumala väesse uskudes, vastab Jumal kindlasti õpilase palvele. Aga ta ei pruugi oma palvevastust otsekohe saada. Jumal valmistab õpilase ette, et ta kasvaks Tema vastuste jaoks kohaseks astjaks ja vastab hiljem ta palvele. Jumal annab talle südame, mis õpib palju ja usinalt, et tal läheks koolis suurepäraselt. Kui õpilane palvetab edasi, võtab Jumal ta meelest maailmalikud mõtted ja annab talle tarkust ning valgustab teda, et ta õpingud oleksid veelgi efektiivsemad. Jumal korraldab õpilase tegudele vastavalt nii, et kõik tema elus läheb soodsalt ja annab õpilasele Harvardisse sissesaamiseks vajalikud omadused ja laseb tal õige aja saabudes sinna sisse saada.

Sama reegel kehtib haigetele. Kui nad saavad Jumala Sõnast haiguste põhjuse teada ja õpivad, kuidas terveneda, võivad nad usupalvet paludes terveks saada. Nad peavad leidma enese ja Jumala vahelise patumüüri ja minema haiguse algpõhjuseni. Kui haigus tekkis vihkamisest, tuleb neil vihkamisest vabaneda ja oma süda armastavaks muuta. Kui haigus tekkis ülesöömise tõttu, tuleb neil Jumalalt saada enesevalitsuse jaoks vajalik vägi ja oma kahjulik harjumus kontrolli alla saada. Jumal annab inimestele ainult taoliste protsesside kaudu usku, mille abil uskuda ja valmistab nad Tema vastuste saamise jaoks kohasteks astjateks.

Töise jõukuse palvetamine ei erine eelnevast. Kui te palute, et te võiksite oma töö kaudu õnnistatud saada, katsub Jumal teid enne läbi, kui teist saab Tema õnnistuse vääriline astjas.

Ta annab teile tarkust ja väge, mis laseb teil saada väljapaistva ettevõtte juhtmisvõime, mis suurendab teie ettevõtet ja see viib teid ettevõtte juhtimiseks suurepärasesse olukorda. Ta viib teid usaldusväärsete inimeste juurde, suurendab teie sissetulekut järk-järgult ja kasvatab teie ettevõtet. Ta vastab määratud ajal teie palvele just nii, nagu te palusite.

Jumal viib nende külvamise ja kasvatamise protsesside kaudu teie hinge õitsengule ja katsub teid läbi, et teha teist astjas, kes on väärt kõige Temalt palutu saamist. Seega, te ei või kunagi oma mõtetele tuginedes kannatamatuks muutuda. Selle asemel tuleks teil Jumala ajastusega vastavusse liikuda ja Tema õiget aega oodata, uskudes, et te olete Temalt juba vastused saanud.

Kõigeväeline Jumal vastab vaimumaailma seaduste kohaselt oma lastele oma õiguse kohaselt ja Tal on hea meel, kui nad Teda usus paluvad. Heebrealastele 11:6 meenutatakse meile: *„Aga ilma usuta on võimatu olla meelepärane, sest kes tuleb Jumala juurde, peab uskuma, et Tema on olemas ja et ta annab palga neile, kes teda otsivad."*

Ma palun meie Isanda nimel, et te oleksite Jumalale meeltmööda, omades niisugust usku, millega te usute, et te olete juba saanud kõik, mida te palves palusite ja tooksite Talle suurt au, saades vastused igale oma palvele!

3. peatükk

Palveelu, millest Jumalal on heameel

Ja Jeesus läks välja ning tuli harjumuspäraselt Õlimäele,
ja jüngrid järgnesid Talle.
Ja kui Ta sinna paika jõudis, siis Ta ütles neile:
„Palvetage, et te ei satuks kiusatusse!"
Ta ise läks neist eemale kiviviske kaugusele,
langes põlvili maha ja palvetas:
„Isa, kui Sa tahad, võta see karikas minult ära!
Ometi ärgu sündigu minu tahtmine, vaid Sinu oma!"
[Siis ilmus talle ingel taevast Teda kinnitama.
Ja raskesti heideldes palvetas Ta veelgi pingsamalt,
ja Ta higi muutus nagu maha tilkuvateks verepiiskadeks.]

Luuka 22:39-44

1. Jeesus seadis õige palve eeskuju

Luuka 22:39-44 kujutatakse olukorda, kus Jeesus palvetas Keetsemanes ööl enne kogu inimkonna päästmiseks risti kanda võtmist. Neis salmides räägitakse meile paljudest eri suhtumistest ja südamest, mis meil palvetades olema peaks.

Kuidas Jeesus palvetas niimoodi, et Ta ei kandnud vaid rasket risti, aga võitis ka vaenlase kuradi? Missugune oli Jeesuse süda, kui Ta palvetas niimoodi, et Jumalal oli Ta palve üle hea meel ja Ta saatis taevast ingli Teda kinnitama?

Nende salmide alusel süvenegem õigesse palvesuhtumisse ja palveliiki, mis valmistab Jumalale heameelt ja ma õhutan teid kõiki oma palveelu lähemalt vaatlema.

1) Jeesus palvetas harjumuspäraselt

Jumal käskis meil lakkamatult palvetada (1. Tessalooniklastele 5:17) ja lubas meile vastata, kui me Temalt midagi palume (Matteuse 7:7). Kuigi on õige alaliselt palvetada ja kogu aeg paluda, palub suurem osa inimestest ainult siis, kui nad midagi tahavad või neil on probleemid.

Aga Jeesus läks välja ning tuli harjumuspäraselt Õlimäele (Luuka 22:39). Prohvet Taaniel jätkas kolm korda päevas põlvitamist, paludes Jumalat ja tänades Teda, nii nagu ta varemgi tegi (Taaniel 6:10) ja Jeesuse kaks jüngrit Peetrus ja Johannes seadsid omale palveks teatud päevaaja (Apostlite teod 3:1).

Me peame Jeesuse eeskuju järgima ja arendama teatud aja eraldamise harjumuse ning iga päev pidevalt palvetama. Jumalal on eriti hea meel, kui inimesed palvetavad koidikul, andes iga päeva alguses kõik Jumala kätesse ja ööpalvest, millega nad tänavad Jumalat iga päeva lõpus Ta kaitse eest. Nende palvete kaudu võite te saada Ta suure väe osaliseks.

2) Jeesus põlvitas maha, et palvetada

Kui te põlvitate, on teie süda, millega te palvetate, püsti ja te olete aupaklik inimeste vastu, kellega te räägite. Iga Jumala poole palvetaja jaoks on väga loomulik palvetades põlvitada.

Jumala Poeg Jeesus palvetas alandliku suhtumisega, kui Ta põlvitas kõigeväelise Jumala palumiseks maha. Kuningas Saalomon (1. Kuningate raamat 8:54), apostel Paulus (Apostlite teod 20:36) ja märtrisurma surnud diakon Stefanos (Apostlite teod 7:60) palvetasid kõik põlvili.

Kui me palume vanematelt või mingilt võimukandjalt teenet või soovitut, muutume me närviliseks ja kasutame igasuguseid ettevaatusabinõusid, mis ei lase meil eksida. Kuidas me saaksime siis Looja Jumala ette oma meele ja ihu poolest lohakalt ilmuda, teades, et me räägime Temaga? Põlvitumine on jumalakartliku ja Jumala väge usaldava südame väljendus. Me peame end korda seadma ja palvetamiseks alandlikult põlvituma.

3) Jeesuse palve oli Jumala tahtega kooskõlas

Jeesus palus Jumalalt: *"Ometi ärgu sündigu minu tahtmine, vaid Sinu oma"* (Luuka 22:42). Jumala Poeg Jeesus tuli maa peale puuristile surema, kuigi Ta oli veatu ja süütu. Sellepärast Ta palus: *"Isa, kui Sa tahad, võta see karikas minult ära."* Aga Ta teadis, et Jumal tahtis päästa ühe inimese kaudu kogu inimkonda ja ei olnud palves vaid oma heaolu eest, vaid palvetas vaid kooskõlas Jumala tahtega.

1. Korintlastele 10:31 öeldakse: *"Niisiis, kas te nüüd sööte või joote või teete midagi muud – tehke seda Jumala austamiseks!"* Kui me palume midagi, mis ei austa Jumalat, vaid pigem oma himurate soovide kohaselt, ei palu me õieti; me peame paluma vaid Jumala tahtega kooskõlas. Lisaks, Jumal käsib meil meeles pidada seda, mis on kirja pandud Jakoobuse 4:2-3: *"Te himustate, ja teil ei ole; te taplete ja tapate, ja ei suuda midagi saavutada; te tülitsete ja sõdite. Teil ei ole, sest te ei palu. Te palute, aga ei saa, sest te palute halva jaoks, tahtes seda kulutada oma lõbudeks."* Seega, me peame tagasi vaatama ja nägema, kas me palvetame ainult omaenese kasu tõttu.

4) Jeesus maadles palves

Luuka 22:44 võib näha, kui siiralt Jeesus palvetas. *"Ja raskesti heideldes palvetas Ta veelgi pingsamalt, ja Ta higi muutus nagu maha tilkuvateks verepiiskadeks."*

Kliima Ketsemanes, kus Jeesus palvetas, jahenes õhtul, see muutis isegi higistamise raskeks. Aga kas te suudate ette kujutada, kui palju Jeesus pidi siiras ja tõsimeelses palves pingutama, et Ta higi muutus verepisaraiks, mis langesid maha? Kui Jeesus oleks vaikselt palvetanud, kas Ta oleks siis palve ajal palvetanud nii tõsimeelselt, et palvesoleku ajal higistada? Kui Jeesus hüüdis Jumalat kirglikult ja siiralt, muutus Ta higi „otsekui maha kukkuvateks verepiiskadeks".

1. Moosese raamatus 3:17 ütleb Jumal Aadamale: „*Et sa kuulasid oma naise sõna ja sõid puust, millest mina olin sind keelanud, öeldes, et sa ei tohi sellest süüa, siis olgu maapind neetud sinu üleastumise pärast!*" Enne inimese needmist elas ta külluslikku elu ja tal oli kõik, mis Jumal oli ta jaoks andnud. Kui temasse tuli Jumalale mitte kuuletumise tõttu patt, lõppes ta osadus Loojaga ja ta sai pärast seda süüa vaid vaevalise töö läbi.

Kui seda, mis on meie jaoks võimalik, võib saavutada vaid vaevarikka tööga, mida me siis peame tegema, kui me palume Jumalalt midagi, mida me teha ei saa? Palun pidage meeles, et me saame Jumala käest soovitu vaid palves Teda appi hüüdes, vaevanägemise ja higiga. Pealegi, pidage meeles, kuidas Jumal ütles meile, et viljakandmiseks oli vaja vaevanägemist ja jõupingutust ja kuidas Jeesus ise nägi palves ränka vaeva ja maadles. Pidage seda meeles ja tehke täpselt nii, nagu Jeesus tegi ja palvetage Jumalale meelepärasel viisil.

Siiani oleme me vaadelnud, kuidas palvetas Jeesus, kes oli

meile õige palve eeskujuks. Kui Jeesus, kellel oli kogu meelevald, palvetas meile eeskuju jättes, missuguse suhtumisega peaksime siis palvetama meie – kes me oleme vaid Jumala loodud? Inimese palvetamise aegne väljanägemine ja suhtumine väljendavad ta südant. Seega, palvetamisel on meie südame seisund sama tähtis kui meie südame suhtumine.

2. Jumalale meelepärase palve põhialused

Missuguse südamega me peaksime palvetama, et see oleks Jumalale meelepärane ja Ta vastaks meie palvele?

1) Te peate kogu südamest palvetama

Me õppisime Jeesuse palvetamise viisist seda, et südamepõhjast tuleva palve aluseks on suhtumine, millega Jumalat palutakse. Me võime suhtumisest aru saada, missuguse südamega inimene palvetab.

Vaadake Jaakobi palvet 1. Moosese raamatu 32. peatükis. Jaakobi ees oli Jaaboki jõgi ja ta leidis end täbarast olukorrast. Jaakob ei saanud naasta, sest ta sõlmis oma onu Laabaniga kokkuleppe, et ta ei lähe Galeedi piirijoonest kaugemale. Ta ei saanud ületada Jaaboki jõge, mille teisel kaldal ootas tema vend Eesav 400 mehega, et Jaakobit kinni võtta. See juhtus meeleheitlikul hetkel, kui Jaakobi uhkus ja ego, millele ta tolle ajani toetunud oli, hävis täiesti. Jaakob sai lõpuks aru, et ta probleemid võisid laheneda ainult siis, kui ta andis kõik Jumala kätte ja liigutas Ta südant. Kui Jaakob maadles palves, kuni ta puusaluu murdus, sai ta viimaks Jumalalt vastuse. Jaakob suutis Jumalale meeleliigutust valmistada ja temaga arvete klaarimist oodanud vennaga ära leppida.

Vaadake lähemalt 1. Kuningate raamatu 18. peatükki, kus prohvet Eelija sai Jumalalt „tulise vastuse" ja tõi Jumalale suurt au. Kui kuningas Ahabi valitsusajal oli rohkelt ebajumalakummardamist, võitles Eelija üksinda 450 baali prohvetiga ja võitis nad, tuues iisraellastele Jumala vastused ja andes tunnistust elavast Jumalast.

Sel ajal arvas Ahab, et prohvet Eelija oli Iisraeli tabanud kolme ja poole aastases põuas süüdi ja otsis prohvetit. Aga kui Jumal käskis Eelijal Ahabi juurde minna, kuuletus prohvet kiirelt. Kui prohvet läks teda tappa püüdnud kuninga ette, rääkis ta julgelt, mida Jumal tema läbi öelda tahtis ja pööras kõik usupalvega, kus polnud mingit kahtlust ning ebajumalaid kummardanud inimesed parandasid Jumala juurde naastes meelt. Lisaks Eelija kägardus ja pani oma pea põlvede vahele, kui ta palvetas, et Jumal võiks maa peal tööd teha ja lõpetada maad kolm ja pool aastat vaevanud põua (1. Kuningate raamat 18:42).

Jumal meenutab meile Hesekieli 36:36-37: *„Mina, Isand, olen rääkinud, ja ma teen seda. Nõnda ütleb Isand Jumal: Veel* *sedagi ma luban Iisraeli sool paluda mul teha nende heaks.*" Teiste sõnadega, isegi kui Jumal lubas Eelijale Iisraeli tugeva vihmasaju saata, ei oleks vihmasadu ilma Eelija tõsise südamest tuleva palveta aset leidnud. Südamest tulev palve võib meile kohe vastavat ja end austada laskvat Jumalat tõeliselt liigutada ja Talle muljet avaldada.

2) Te peate palves Jumala poole hüüdma

Jumal lubab meid kuulata ja meiega kohtuda, kui me Teda appi hüüame ja Teda palume ja kogu südamest otsime (Jeremija 29:12-13; Õpetussõnad 8:17). Jeremija 33:3 lubab Ta: *„Hüüa mind, siis ma vastan sulle ja ilmutan sulle suuri ja salajasi asju, mida sa ei tea.*" Jumal käsib meil Teda palvetades appi hüüda, sest kui me hüüame Teda palves valju häälega appi, suudame me kogu südamest palvetada. Teiste sõnadega, kui me palves appi hüüame, eraldatakse meid maailmalikest mõtetest, väsimusest ja uimasusest ja me meeles ei ole enam asu meie mõtetele.

Kuid paljudes tänapäeva kogudustes usutakse ja õpetatakse, et pühamus vaikselt olek on „jumalik" ja „püha". Kui mõned vennad hüüavad Jumalat valju häälega, arvab ülejäänud kogudus kiiresti, et see on sobimatu ja kutsuvad taolisi inimesi isegi hukkamõistvalt ketseriteks. Kuid selle põhjuseks on Jumala Sõna ja Ta tahte mittetundmine.

Algkogudustes, kus tunnistati Jumala väe ja äratuse suuri ilminguid, võidi Jumalale ühel meelel häält tõstes Vaimu täiuses meeltmööda olla (Apostlite teod 4:24). Isegi tänapäeval võib näha, kuidas arvukad tunnustähed ja imeteod sünnivad ja kuidas kogudustes, kus hüütakse Jumala poole valju häälega, kus järgitakse Jumala tahet ja elatakse selle kohaselt, on suur äratus.

„Jumalat appi hüüdmine" tähistab Jumala tõsimeelset valjuhäälset palumist. Taolise palve kaudu saavad vennad ja õed Kristuses Püha Vaimuga täituda ja vaenlase kuradi vahelesegavate jõudude äraajamise järgselt saavad nad vastused oma palvetele ja vaimuannid.

Piiblis on arvukaid ülestähendusi juhtumitest, kus Jeesus ja paljud usuisad hüüdsid Jumala poole valju häälega ja said Temalt palvevastused.

Vaatleme mõnda Vana Testamendi näidet.

2. Moosese raamatus 15:22-25 on juhtum, kus iisraellased on Egiptusest tükk aega tagasi väljumise järgselt just turvaliselt Punasest merest läbi tulnud pärast seda, kui Moosese usk mere lõhestas. Kuna iisraellastel oli vähe usku, nurisesid nad Suuri kõrbest läbi tulles Moosese vastu, kui nad ei leidnud midagi joodavat. Kui Mooses „hüüdis" Jumalat appi, muutus Maara mõru vesi joodavaks.

4. Moosese raamatu 12. peatükis on juhtum, kus Moosese õde Mirjam muutub pärast Moosese vastu rääkimist pidalitõbiseks. Kui Mooses hüüdis Jumalat appi ja ütles: *„Oh Jumal, ma palun,*

tee ta terveks!", tegi Jumal Mirjami pidalitõvest terveks.
1. Saamueli raamatus 7:9 kirjutatakse: *"Siis Saamuel võttis ühe piimatalle ja ohverdas selle täielikuks põletusohvriks Isandale; ja Saamuel kisendas Iisraeli pärast Isanda poole ning Isand vastas temale."* 1. Kuningate raamatu 17. peatükis on lugu Sarepta lesest, kes oli jumalasulase Eelija vastu külalislahke. Kui ta poeg haigestus ja suri, hüüdis Eelija Jumala poole ja ütles: *"Isand, mu Jumal, lase ometi selle poisi hing tulla temasse tagasi!"* Jumal kuulis Eelija häält ja lapse hing tuli temasse tagasi ja ta virgus ellu (1. Kuningate raamat 17:21-22). Me näeme, et kui Jumal kuulis Eelija appihüüdu, vastas Ta prohveti palvele.

Joona, kelle suur kala alla neelas ja kes kala kõhus vangis oli, pääses samuti, sest ta hüüdis palves Jumalat appi. Joona 2:2 kirjutatakse, et ta palvetas: *"Ma hüüdsin oma kitsikuses Isanda poole ja Tema vastas mulle. Haua sisemusest hüüdsin ma appi ja Sina kuulsid mu häält."* Jumal kuulis ta appihüüdu ja päästis ta. Hoolimata sellest, et olukord, kust me end leiame, võib olla sama kohutav ja närvesööv nagu Joonal, täidab Jumal meie südamesoovid ja vastab meile, andes me probleemidele lahendused, kui me Tema ees oma väärtegudest meelt parandame ja Tema poole hüüame.

Uus Testament on samuti täis sündmusi, kus inimesed hüüdsid Jumala poole.

Johannese 11:43-44 näeme me, et Jeesus hüüdis valju häälega: *"Laatsarus, tule välja"* ja surnud mees tuli välja, jalad ja käed mähistega mähitud ja ta silmade ümber oli seotud higirätik. Surnud Laatsarse jaoks ei oleks olnud vahet, kas Jeesus hüüdis teda valju häälega või sosistas. Aga Jeesus hüüdis Jumalat valju häälega. Jeesus äratas Laatsaruse, kelle keha oli neli päeva hauas olnud, oma palvega Jumala tahte kohaselt ellu tagasi ja ilmutas Jumala au.

Markuse 10:46-52 räägitakse, kuidas tervenes pime kerjus Bartimeus:

"Ja nad tulid Jeerikosse. Ja kui Jeesus ja Ta jüngrid koos üsna suure rahvahulgaga Jeerikost välja läksid, istus tee ääres pime kerjus Bartimeus, Timeuse poeg. Ja kui see kuulis, et Jeesus Naatsaretlane on seal, hakkas ta karjuma: "Jeesus, Taaveti Poeg, halasta minu peale!" Ja paljud sõitlesid teda, et ta vaikiks, tema aga karjus veelgi enam: "Taaveti Poeg, halasta minu peale!" Ja Jeesus ütles seisatades: "Kutsuge ta siia!" Ja nad kutsusid pimedat: "Ole julge, tõuse üles, Tema kutsub sind!" Pime viskas kuue seljast, hüppas püsti ja tuli Jeesuse juurde. Ja Jeesus päris temalt: "Mida sa tahad, et ma sulle teeksin?" Aga pime ütles Talle: "Rabbuuni, et ma jälle näeksin!" Ja Jeesus ütles talle: "Mine, sinu usk on su päästnud!" Ja kohe

nägi ta jälle ning läks Jeesusega teele kaasa."

Apostlite tegudes 7:59-60 hüüdis diakon Stefanos kividega surnukspildumise ajal märtrisurma surres Isanda poole ja ütles: *"Isand Jeesus, võta mu vaim vastu!"* Siis langes ta põlvili ja hüüdis valju häälega: *"Isand, ära pane seda neile patuks!"*

Ja Apostlite teod 4:23-24; 31 kirjutatakse: *"Pärast vabanemist tulid Peetrus ja Johannes omade juurde ja jutustasid, mida ülempreestrid ja vanemad neile olid öelnud. Aga seda kuuldes tõstsid need ühel meelel häält Jumala poole, öeldes: "Isand, Sina, kes Sa oled teinud taeva ja maa ja mere ja kõik, mis on nende sees. Ja nende palve järel kõikus paik, kus nad olid koos, ja nad kõik täideti Püha Vaimuga ja nad kõnelesid Jumala Sõna julgesti.""*

Kui te hüüate Jumalat appi, võite te saada Jeesuse Kristuse tõeliseks tunnistajaks ja ilmutada Püha Vaimu väge.

Jumal käskis meil Tema poole hüüda isegi siis, kui me paastume. Kui me veedame palju aega paastumise ajal väsimuse tõttu magades, ei saa me Jumalalt vastust. Jumal lubab Jesaja 58:9: *"Siis sa hüüad ja Isand vastab, kisendad appi ja Tema ütleb: "Vaata, siin ma olen!""* Tema tõotuse kohaselt, kui me hüüame paastudes Tema poole, antakse meile ülevalt armu ja väge ja me oleme võidukad ja saame Jumalalt palvevastused.

Jeesus küsis meie käest „Järeleandmatu lese tähendamissõnas" retoorilise küsimuse: *"Kas siis Jumal ei peaks muretsema õigust oma äravalituile, kes Tema poole kisendavad päevad ja ööd, kas Ta peaks viivitama neid aidates?* " ja käskis meil palves appi hüüda (Luuka 18:1-8).

Seega, kuna Jeesus käsib meid Matteuse 5:18: *„Tõesti, ma ütlen teile, ükski täpp ja ükski kriips ei kao Seadusest seni, kuni taevas ja maa püsivad, kuni kõik, mis sündima peab, on sündinud,"* kui jumalalapsed palvetavad, on üksnes loomulik, et nad palves appi hüüavad. See on Jumala käsk. Kuna Ta seadus kirjutab meile ette, et me peame oma vaeva vilja sööma, saame me Jumalalt palvevastused Teda appi hüüdes.

Mõned inimesed võivad vastata, tuginedes oma vastuväidetes Matteuse 6:6-8 ja küsida: „Kas me peame Jumalat appi hüüdma, kui Ta juba teab, mida me vajame enne kui me isegi palume?" või „Miks hüüda Jumalat appi, kui Jeesus käskis meil palvetada salajas, suletud uksega kambris?" Kuid kusagil Piiblis ei leidu lõike, kus räägitakse mugavas toas salaja palvetavatest inimestest.

Matteuse 6:6-8 tähendab tõeliselt meie kogu südamest palvetama õhutamist. Minge siseruumi ja sulgege uks selja taga. Kui te olete juba privaatses ja vaikses ruumis, mille uks oli suletud, kas te pole siis kõigist väliskontaktidest ära lõigatud? Täpselt samamoodi, kui me oleme suletud uksega toas kõigest välispidisest ära lõigatud, käsib Jeesus meil Matteuse 6:6-8 end ära lõigata kogu meie mõtlemisest, maailmalikest mõtetest, muredest, ärevusest ja sarnasest ja kogu südamest palvetada.

Lisaks, Jeesus rääkis meile selle loo, et õpetada inimestel teada saada, et Jumal ei kuule variseride ja preestrite palvet, kes palvetasid Jeesuse ajal valju häälega, et teised neid kiidaksid ja näeksid. Me ei tohiks oma palve hulga tõttu uhkeks minna. Selle asemel tuleks meil kogu südamest maadelda, paludes Teda, kes otsib läbi meie südame ja meele, Kõigeväelist, kes teab kõiki meie vajadusi ja soove ja Teda, kes on meile „kõik kõiges".

Vaikse palvega on raske kogu südamest palvetada. Püüdke palvetada mõtiskledes, suletud silmadega ja öösel. Varsti leiate te end palvetamise asemel väsimuse ja maailmalike mõtetega maadlemas. Kui te väsite une vastu võitlemast, jääte te märkamatult magama.

„*Aga neil päevil sündis, et Jeesus läks mäele palvetama ja veetis kogu öö Jumalat paludes*" (Luuka 6:12) toavaikuses palvetamise asemel ja „*Ja vara hommikul enne valget tõusis Jeesus üles, väljus ning läks tühja paika ja palvetas seal*" (Markuse 1:35). Prohvet Taanieli ülakambri aknad olid Jeruusalemma poole avatud ja ta põlvitas kolm korda päevas, oma Jumalat paludes ja tänades (Taaniel 6:10). Peetrus läks katusele palvetama (Apostlite teod 10:9) ja apostel Paulus läks väravast välja jõe äärde, kus ta arvas palvepaiga olevat ja palvetas selles palvepaigas Filipposes viibimise ajal (Apostlite teod 16:13; 16). Need inimesed määrasid palvetamiseks teatud kohad, sest nad tahtsid kogu südamest palvetada. Te peate palvetama niimoodi, et teie palve võiks tungida läbi õhuvalla valitseja kuradi vägedest ja jõuda üleval asuva aujärjeni. Alles siis saate te täis Püha Vaimu, teie kiusatused aetakse ära ja te saate kõigile, nii oma suurtele kui ka väikestele probleemidele palvevastused.

3) Palvel peab olema eesmärk

Mõned inimesed võivad hea puidu saamiseks puid istutada. Teised istutavad puid vilja saamiseks. On ka neid, kes istutavad puid, et kasutada puid ilusa aia loomiseks. Kui keegi istutab puid erilise otstarbeta, võib ta enne istikute suureks kasvamist ja vanaks saamist oma puud unarusse jätta, sest muu töö haarab ta tähelepanu.

Igasuguses ettevõtmises selge eesmärgi omamine paneb selle ettevõtmise liikvele ja toob kiiremad ja paremad tulemused ja saavutused. Aga selge eesmärgita ei pruugi ettevõtmine suunda omamata isegi väikese takistuse korral vastu pidada, sest esinevad vaid kahtlused ja allaandmine.

Jumalat paludes peab meil olema selge eesmärk. Meile lubati, et me saame Jumalalt kõike, mida me palume, kui meil on Tema ees kindlus (1. Johannese 3:21-22) ja kui meie palve eesmärk on selge, võime me siiramalt ja suurema vastupidavusega palvetada. Meie Jumal annab meile kõik, mida me vajame, kui Ta näeb, et meie südames pole midagi taunimisväärset. Meil tuleb alati meeles pidada oma palve eesmärki ja suuta Jumalale meelepärasel viisil palvetada.

4) Teil tuleb palvetada usus

Kuna igal inimesel on erinev usumõõt, saab igaüks oma usu kohaselt Jumalalt vastused. Kui inimesed võtavad esimest korda Jeesuse Kristuse vastu, tuleb Püha Vaim neisse elama ja Jumal kinnitab nad pitseriga oma lasteks. Siis on neil sinepiivakese suurune usk.

Kui nad peavad pidevalt hingamispäeva ja palvetavad, püüavad Jumala käsuseadusest kinni pidada ja Ta Sõna alusel elada, kasvab nende usk. Aga kui nad sattuvad kiusatustesse ja kannatavad enne usukaljul kindlalt seisma hakkamist, võivad nad Jumala väge küsitavaks pidada ja vahel julguse kaotada. Aga kui nad on usukaljul seisma hakanud, ei lange nad mingis olukorras, vaid vaatavad usus Jumala peale ja püsivad palves. Jumal näeb taolist usku ja tegutseb nende heaks, kes Teda armastavad.

Kui neis koguneb palve palve peale, võitlevad nad ülevalt tuleva väega patu vastu ja on meie Isanda sarnased. Neil on Isanda tahte kohta selge ettekujutus ja nad kuuletuvad sellele. Selline usk on Jumalale meeldiv ja nad saavad kõik, mida nad paluvad. Kui inimesed saavad niisuguse usumõõdu, kogevad nad Markuse 16:17-18 lubadust, kus öeldakse: *"Kuid uskujaid saadavad sellised tunnustähed: minu nimel ajavad nad välja kurje vaime, räägivad uusi keeli, tõstavad paljaste kätega üles mürkmadusid, ning kui nad jooksid midagi surmavat, ei kahjustaks see neid; haiged, kellele nad panevad käed peale, saavad terveks."* Suure usuga inimesed saavad vastused oma usu kohaselt ja väikese usuga inimesed saavad samuti vastused oma usu kohaselt.

On olemas „enesekeskne usk", mille te saate ise ja „Jumala usk". „Enesekeskne usk" ei ole tegudega kooskõlas, aga Jumalalt saadud usuga kaasnevad alati teod. Piiblis räägitakse meile, et usk on loodetava tõelisus (Heebrealastele 11:1), aga „enesekeskne usk" ei saa tõeliseks. Isegi kui kellelgi on „enesekeskse usuga" usk Punase mere lõhestamiseks ja mägede liigutamiseks, ei ole ta kindel Jumala vastuste saamises.

Jumal annab meile „elava usu", millega kaasnevad teod, kui me oleme oma usus Temasse sõnakuulelikud, näitame oma usku tegudes ja palvetame. Kui me näitame Talle usku, mis meil juba on, ühineb see usk „elava usuga", mida Ta meile lisab ja millest saab omakorda suur usk, millega me saame Jumala käest viivitamatult vastused. Vahel inimesed kogevad Tema vastuse suhtes vaieldamatut kindlust. See on Jumalalt saadud usk ja kui inimestel on taoline usk, on nad oma palvetele juba vastused saanud.

Seega, me peame vähimagi kahtluseta usaldama Jeesuselt saadud tõotust, mis on Markuse 11:24: *„Seepärast ma ütlen teile: Kõike, mida te iganes palves endale palute – uskuge, et te olete saanud, ja see saabki teile!"* Ja me peame paluma, kuni me oleme Jumala vastustes kindlad ja saame palves kõik, mida me iganes palume (Matteuse 21:22).

5) Te peate paluma armastuses

Heebrealastele 11:6 öeldakse: „*Aga ilma usuta on võimatu olla meelepärane, sest kes tuleb Jumala juurde, peab uskuma, et Tema on olemas ja et Ta annab palga neile, kes Teda otsivad.*" Kui me usume, et iga meie palve saab vastatud ja talletatakse taevase tasuna, ei tundu palvetamine enam väsitav ega raske.

Täpselt nii nagu Jeesus maadles palves, et inimkonnale elu anda, võime meiegi siiralt palvetada, kui me palvetame armastusest teiste hingede vastu. Kui teie palvetate siirast armastusest teiste vastu, tähendab see, et te suudate end nende kingadesse panna ja nende probleeme enese omadena võtta ja palvetate seetõttu veelgi enam.

Näiteks, oletame, et te palvetate oma kogudusehoone ehituse eest. Te peate palvetama samasuguse südamega, millega te palvetaksite oma maja ehituse eest. Täpselt nii, nagu te palute üksikasjalikult maad, töötajaid, materjale ja sarnast oma kodu jaoks, peate te ka pühamu ehitamiseks iga vajalikku koostisosa ja ressurssi üksikasjalikult paluma. Kui te palvetate patsiendi eest, peate te end tema seisukorda panema ja kogu südamest palves maadlema, otsekui tema valu ja kannatused oleksid teie omad.

Jeesus põlvitas ja maadles Jumala tahte teostamiseks

armastusest Jumala ja kogu inimkonna vastu harjumuspäraselt palves. Selle tulemusel avanes päästetee ja igaüks, kes võtab Jeesuse Kristuse vastu, võib nüüd oma patud andeks saada ja kogeda jumalalapsena talle kuuluvat meelevalda.

Meil tuleb Jeesuse palveviisile toetudes ja Jumalale meelepärase palveliigi põhiasjade alusel läbi vaadata oma suhtumine ja süda, palvetada Jumalale meelepärase suhtumise ja südamega ja saada Temalt kõik, mida me palves palume.

4. peatükk

Et te ei satuks kiusatusse

Ja Jeesus tuli jüngrite juurde
ja leidis nad magamast ning ütles Peetrusele:
„Niisiis te ei jaksanud ühtainustki tundi koos minuga valvata?
Valvake ja palvetage, et te ei satuks kiusatusse!
Vaim on küll valmis, aga liha on nõder."

Matteuse 26:40-41

1. Palveelu: Meie vaimu hingamine

Meie Jumal elab ja valvab inimese elu, surma ja õnnistust ning armastust, õiglust ja headust. Ta ei taha, et Ta lapsed sattuksid kiusatusse või kannatustesse, vaid elaksid õnnistustest tulvil elu. Sellepärast Ta saatis maa peale Trööstija Püha Vaimu, kes aitab Ta lastel seda maailma võita, vaenlast kuradit välja ajada, tervet ja rõõmsat elu elada ja pääsemisele jõuda.

Jumal lubas Jeremija 29:11-12: *"Sest mina tunnen mõtteid, mis ma teie pärast mõlgutan, ütleb Isand: need on rahu, aga mitte õnnetuse mõtted, et anda teile tulevikku ja lootust. Siis te hüüate mind appi ja tulete ning palute mind, ja mina kuulen teid."*

Rahus ja lootuses elamiseks tuleb meil palvetada. Kui me palvetame pidevalt oma Kristuses elamise ajal, ei esine meie elus kiusatust, meie hinge lugu on hea, näivalt „võimatu" saab „võimalikuks", kõik läheb meie elus hästi ja meil on hea tervis. Aga kui jumalalapsed ei palveta, sest meie vaenlane kurat käib meie ümber ringi nagu möirgav lõukoer ja otsib neid, keda neelata, on meie elus kiusatused ja õnnetused.

Nii nagu elu lõpeb siis, kui me iga päev ei hinga, ei saa jumalalaste elus oleva palve tähtsust piisavalt palju rõhutada. Sellepärast Jumal käsib meil palvetada lakkamata (1. Tessooniklastele 5:17), meenutab meile, et mitte palvetamine on patt (1. Saamueli raamat 12:23) ja õpetab meid palvetama, et me ei satuks kiusatusse (Matteuse 26:41).

Jeesuse Kristuse esmakordselt vastu võtnud vastpöördunud usklikele tundub palvetamine raske, sest nad ei tea, kuidas seda teha. Meie surnud vaim sünnib uuesti kui me võtame Jeesuse Kristuse vastu ja saame Püha Vaimu. Sel ajal on inimene väikelapse vaimses seisundis ja siis on raske palvetada.

Aga kui nad ei anna alla, vaid palvetavad edasi ja teevad Jumala Sõnast omale leiva, muutub nende vaim tugevamaks ja nende palve võimsamaks. Nii nagu inimesed ei saa hingamata elada, tulevad ka nemad arusaamisele, et nad ei saa palvetamata elada.

Lapsepõlves oli lapsi, kes võistlesid üksteisega, et näha, kes kõige kauem hinge kinni hoiab. Kaks last vaatasid teineteisele korraga otsa ja hingasid sügavalt. Kui neid jälgiv laps ütles „Valmis!", hingasid mõlemad lapsed oma kopsudesse võimalikult palju õhku sisse. Kui kohtunik hüüdis „Alusta!", hoidsid mõlemad lapsed otsustava näoilmega hinge kinni.

Esialgu ei ole hinge kinni hoida raske. Aga veidikese aja jooksul tunnevad lapsed lämbumistunnet ja nende nägu läheb lõõmavalt punaseks. Lõpuks ei suuda nad hinge enam kauem kinni hoida ja on sunnitud välja hingama. Keegi ei saa hingamata elada.

Palvega on samamoodi. Kui vaimne inimene lakkab palvetamast, ei märka ta esialgu suuremat erinevust. Aga aja jooksul muutub ta süda araks ja vaevatuks. Kui ta vaimu inimsilmaga näha saaks, näib see lämbumise äärel olevat. Kui ta mõistab, et selle kõige põhjuseks on palvetamise lõpetamine ja ta jätkab palvetamist, võib ta taas tavalist elu Kristuses elada. Aga kui ta jätkab mitte palvetamise pattu, tunneb ta end südames üha armetumalt ja murelikumalt ja peab oma elus paljude asjade viltuminekut taluma.

Palvetamises „pausi tegemine" ei ole Jumala tahe. Täpselt samamoodi nagu me hingeldame enne kui me hingamine muutub tavaliseks, on tavalise palveelu juurde naasmine raskem ja võtab palju rohkem aega. Mida pikem „paus" on olnud, seda kauem kulub palveelu taastumiseks aega.

Inimesed, kes saavad aru, et palve on nende vaimu hingamine, ei leia, et palve oleks pingutust nõudev. Kui nad tavaliselt palvetasid harjumuspäraselt sisse- ja väljahingamise laadselt, muutusid nad palvetamist pingutust nõudvaks või raskeks pidamise asemel rahulikumaks, rohkem lootusega täitunuks ja rõõmsamaks, kui mitte palvetades. See juhtub, sest Jumal vastab neile ja nad austavad Teda oma palvemääraga võrdeliselt.

2. Põhjused, miks mitte palvetavad inimesed satuvad kiusatusse

Jeesus oli meile palvetamise eeskujuks ja Ta käskis oma jüngritel valvata ja palvetada, et nad ei sattuks kiusatusse (Matteuse 26:41). Vastupidiselt tähendab see, et kui me ei palveta pidevalt, langeme me kiusatusse. Miks siis kiusatus tabab neid, kes ei palveta?

Jumal lõi esimese inimese Aadama, tegi temast elava olendi ja lasi tal suhelda Jumalaga, kes on Vaim. Pärast seda, kui Aadam sõi hea ja kurja tundmise puust ja oli Jumalale sõnakuulmatu, suri ta vaim ja ta osadus Jumalaga katkes ning ta aeti Eedeni aiast välja. Kuna vaenlane kurat, õhuvalla valitseja, hakkas valitsema inimest, kes ei saanud enam suhelda Jumalaga, kes on Vaim, imbus patt üha enam inimese sisse.

Kuna patu palk on surm (Roomlastele 6:23), avas Jumal oma pääste ettehoolde kogu inimkonna jaoks Jeesuse Kristuse kaudu kes mõisteti surma. Jumal kinnitab pitseriga oma lapseks igaühe, kes Jeesuse Päästjaks võtab, tunnistab, et ta on patune ja parandab meelt ja selle kinnituse täheseks annab Jumal talle Püha Vaimu.

Trööstija Püha Vaim, kelle Jumal saatis, veenab maailma patusüü, õiguse ja kohtu suhtes (Johannese 16:8), on meie eest palves sõnulseletamatute ägamistega (Roomlastele 8:26) ja annab meile võime maailm ära võita.

Palve on absoluutselt vajalik Püha Vaimuga täidetud olemiseks ja Temalt juhiste saamiseks. Ainult siis, kui me palvetame, räägib Püha Vaim meiega, liigutab meie südant ja meelt, hoiatab meid eelseisvate kiusatuste eest, räägib meile, kuidas taolisi kiusatusi vältida ja aitab meil võita kiusatused ka siis, kui nad juhtuma peaksid.

Aga palvetamata ei saa me Jumala tahet inimese tahtest kuidagi eristada. Maailmalikke soove taga ajades elavad harjumusliku palveeluta inimesed oma vanade harjumuste kohaselt ja taotlevad seda, mis nende eneseõiguse kohaselt õige on. Seega, kui nad seisavad silmitsi igasuguste raskustega, tabavad neid kiusatused ja kannatused.

Jakoobuse 1:13-15 kirjutatakse: *"Ärgu kiusatav öelgu: "Jumal kiusab mind!" Sest Jumalat ei saa kiusata kurjaga, Tema ise ei kiusa kedagi. Pigem on nii, et igaüht kiusab ta enese himu, ahvatledes ja peibutades. Kui seejärel himu on viljastunud, toob ta ilmale patu, aga täideviidud patt sünnitab surma."*

Teiste sõnadega, kiusatused tabavad inimesi, kes ei palveta, sest nad ei erista Jumala tahet inimese tahtest, nad on oma maailmalike soovide küüsis ja kannatavad raskusi, sest nad ei suuda kiusatusi võita. Jumal tahab, et kõik Ta lapsed oleksid igasugustes oludes rahul ja saaksid aru, kuidas olla puuduses ja kuidas olla külluses ja õpiksid igasugustes oludes rahulolu saladust, olgu nad hästi toidetud või näljas, külluses või puuduses (Filiplastele 4:11-12).

Aga kuna maailmalikud soovid alustavad ja sünnitavad pattu ja patu palk on surm, ei saa Jumal kaitsta inimesi, kes patus edasi elavad. Vaenlane kurat toob inimestele kiusatusi ja kannatust nende patustamisega võrdeliselt. Mõned kiusatusse langenud valmistavad Jumalale pettumust väidetega, et Ta lasi neil kiusatusse sattuda ja surus neile kannatused peale. Aga need on Jumala vastu vimma pidamist tähistavad teod ja niisugused inimesed ei suuda kiusatusi võita ning ei jäta Jumalale nende heaks tegutsemise jaoks võimalust.

Seega, Jumal käsib meil hävitada teoreetilised mõtisklused ja igasugused jumalatunnetusest kõrgemale tõstetud mõttekõrgistused ning võtta iga mõte Kristuse sõnakuulelikkuse alla vangi (2. Korintlastele 10:5). Ja Ta meenutab meile Roomlastele 8:6-7: „*Sest lihalik mõtteviis on surm, Vaimu mõtteviis aga elu ja rahu; seepärast et lihalik mõtteviis on vaen Jumala vastu, sest ta ei alistu Jumala Seadusele ega suudagi seda.*"

Suurem osa enne Jumalaga kohtumist õpitud ja meelde jäetud „õigest" teabest osutus tõe valguses valeks. Seega me järgime Jumala tahet täielikult, kui me hävitame kõik teooriad ja lihalikud mõtted. Pealegi, kui me tahame hävitada argumente ja igasuguseid pretensioone ja kuuletuda tõele, tuleb meil palvetada.

Vahel kutsub armastuse Jumal oma armsaid lapsi korrale, et nad ei läheks mööda hävingu teed ja laseb neil kogeda kiusatusi, et nad parandaksid meelt ja pöörduksid oma teedelt. Kui inimesed uurivad end ja parandavad meelt neis olevaist asjust mis on Jumala silmis sündsusetud, palvetavad ja vaatavad Teda, kes pöörab kõik asjad nende kasuks, kes Teda armastavad ja rõõmustavad alati, näeb Jumal nende usku ja vastab neile kindlasti.

3. Vaim on valmis, aga liha on nõder

Ööl enne risti kanda võtmist läks Jeesus oma jüngritega Keetsemane nimelisse kohta ja maadles seal palves. Kui Ta leidis, et Ta jüngrid magasid, Jeesus kurtis ja ütles: *„ Vaim on küll valmis, aga liha on nõder "* (Matteuse 26:41).

Piiblis on niisugused terminid nagu „liha", „lihalikud asjad" ja „liha teod". Teisalt, „liha" on „vaimu" vastu ja tähistab üldiselt midagi rikutut ja muutlikku. See tähistab iga loodut, kaasa arvatud inimest, enne tema tõe läbi teiseks muutumist, taimi, kõiki loomi ja sarnast. Teisalt, „vaim" tähistab asju, mis on igavesed, tõesed ja muutumatud.

Aadama sõnakuulmatusest saadik on kõik mehed ja naised kaasasündinud patuloomusega ja see on pärispatt. „Isetehtud patud" on vaenlase kuradi ässitusel teehtud valeteod. Inimene muutus „lihaks", kui vale määris ta ihu ja ihu on ühendatud patuloomusega. Seda mainitakse Roomlastele 9:8 „liha lastena." Selles salmis öeldakse: *„ See tähendab: mitte lihased lapsed ei ole Jumala lapsed, vaid Tema sooks arvatakse tõotuse lapsed. "* Ja Roomlastele 13:14 hoiatatakse meid: *„ Vaid rõivastuge Isanda Jeesuse Kristusega ja ärge tehke ihu eest hoolitsemisest himude rahuldamist!"*

Lisaks, *„lihalikud asjad"* on erinevate patuste omaduste kollektsioon, kuhu kuuluvad pettus, kadedus, armukadedus ja vihkamine (Roomlastele 8:5-8). Need ei ole veel füüsiliseks teoks saanud, aga nad võivad tegevust esile kutsuda. Kui need soovid käiku lastakse, nimetatakse neid „*liha tegudeks*" (Galaatlastele 5:19-21).

Mida Jeesus pidas silmas sõnadega „liha on nõder"? Kas Ta pidas silmas oma jüngrite füüsilist seisundit? Endise kalurina olid Peetrus, Jakoobus ja Johannes elu kõrgpunktis olevad tugevad hea tervisega mehed. Inimestele, kes olid palju öid kalastades veetnud, ei oleks paari öötunni jooksul üleval püsimine eriti raske olla saanud. Aga isegi pärast seda, kui Jeesus käskis neil sinna jääda ja Temaga koos valvata, ei suutnud kolm jüngrit palvetada, vaid jäid magama. Nad võisid minna Keetsemanesse Jeesusega palvetama, aga see oli vaid nende südamesoov. Selle asemel ütles Jeesus, et nende liha oli „nõder" ja mõtles sellega, et ükski kolmest jüngrist ei suutnud neid magama ja puhkama peibutanud lihahimu takistada.

Peetrus, kes oli üks Jeesuse armastatud jüngritest, ei saanud palvetada, sest ta liha oli nõder, kuigi ta vaim oli valmis ja kui Jeesus kinni võeti ja Ta elu ohus oli, salgas ta kolm korda Jeesuse ära. See juhtus enne Jeesuse ülestõusmist ja taevasseminekut ja Peetrust tabas suur hirm, kuna ta ei olnud Püha Vaimu veel saanud. Aga pärast Püha Vaimu saamust Peetrus elustas surnu, tema läbi said ilmsiks imeteod ja tunnustähed ja ta oli piisavalt julge, et lasta end pea alaspidi risti lüüa. Peetruse nõrkusest ei jäänud mingit jälge järele, sest ta muutus Jumala väe julgeks apostliks, kes ei kartnud surma. See sündis, kuna Jeesus valas oma kalli, laitmatu ja veatu vere ja lunastas meid meie tõbedest, vaesusest ja nõrkusest. Kui me elame usu kaudu ja kuuletume Jumala Sõnale, on meie ihu ja vaim hea tervise juures ja me suudame inimese jaoks võimatut teha ning kõik saab meie jaoks võimalikuks.

Aga vahel ütlevad mõned pattu tegevad inimesed oma pattudest meelt parandamise asemel kiiresti: „Liha on nõder" ja arvavad, et patu tegemine on loomulik asi. Sellised inimesed väljenduvad taoliselt, sest nad ei ole tõest teadlikud. Oletame, et isa annab pojale $1000. Oleks naeruväärne, kui poeg paneks raha oma taskusse ja ütleks isale: „Mul pole raha; mul pole kümmet sentigi". Isa tunneks end väga nõrdinult, kui ta poeg, kellel on ikka veel $1000 taskus, nälgiks ja ei ostaks omale toitu? Seega, Püha Vaimu saanute jaoks on sõnad „liha on nõder" oksüümoron.

Ma olen näinud palju inimesi, kes läksid tavaliselt kell 22.00 magama, pärast palvetamist ja Püha Vaimu abi saamist „reedeöisel palvekoosolekul" osalemas. Nad ei väsi ega ole unised ja annavad iga reedese öö Püha Vaimu täiuses Jumalale. See juhtub, kuna inimeste vaimusilmad on Püha Vaimu täiuses terasemaks muutunud, nende süda on tulvil rõõmu, nad ei tunne väsimust ja nende ihud tunduvad kergemana.

Kuna me elame Püha Vaimu ajastul, ei või me mitte kunagi palvetamast lakata ega pattu teha, sest meie „liha on nõder". Selle asemel peame me end valvel hoides ja lakkamatult palvetades

Pühalt Vaimult abi saama ja vabanema lihalikest asjadest ning liha tegudest ja sarnasest ning elama innukalt Kristuses, alati Jumala tahte kohaselt elades.

4. Õnnistused inimestele, kes on alati valvel ja palvetavad

1. Peetruse 5:8-9 öeldakse: *"Olge kained, valvake! Teie süüdistaja, kurat, käib ringi nagu möirgav lõvi, otsides, keda neelata. Tema vastu seiske kindlalt usus, teades, et neidsamu kannatusi on pandud kogema kogu kristlaskond maailmas."* Õhuvalla valitseja vaenlane saatan ja kurat püüavad kristlasi eksiteele ahvatleda ja takistada igati, et Ta rahvas ei saaks usku.

Kui keegi tahab puud välja juurida, tuleb tal puud esiteks raputada. Kui puutüvi on suur ja jäme ja puu on liiga sügavale maasse juurdunud, annab inimene alla ja püüab teist puud raputada. Kui näib, et teist puud võib esimesest lihtsamalt välja juurida, on inimene otsustavam ja raputab puud isegi tugevamini. Vaenlane kurat, kes püüab meid ahvatleda, aetakse samamoodi minema, kui me kindlaks jääme. Aga kui me isegi veidi rappume, toob vaenlane kurat meie mahanottimiseks meie ellu kiusatusi.

Selleks, et vaenlase kuradi plaane eristada ja hävitada ja Jumala Sõna alusel elades valguses käia, tuleb meil palves maadelda ja kõrgemalt Jumala jõudu ja väge saada. Jumala ainus Poeg Jeesus suutis kõike Jumala tahte kohaselt teha palveväe tõttu. Jeesus valmistus enne oma avaliku teenistuse algust neljakümne päeva ja neljakümne öö pikkuse paastuga ja Ta alatise ja pideva palve läbi said Tema kolmeaastase teenistuse ajal ilmsiks Jumala hämmastavad väeteod. Jeesus võis oma avaliku teenistuse lõpus hävitada surma meelevalla ja võita ülestõusmise kaudu, sest Ta maadles Ketsemanes palves. Sellepärast meie Isand õhutas meid: *„Palvetage püsivalt, valvake tänupalves!"* (Koloslastele 4:2) ja *„Aga kõigi asjade lõpp on lähedal. Olge siis arukad ja kained palveteks"* (1. Peetruse 4:7). Ta õpetas meid ka paluma: *„Ja ära saada meid kiusatusse, vaid päästa meid ära kurjast!"* (Matteuse 6:13) Enese kiusatusse sattumise vältimine on äärmiselt tähtis. Kui te satute kiusatusse, tähendab see, et te ei ole seda võitnud, väsite ja tõmbute usus tagasi – see ei valmista Jumalale mingit rõõmu.

Kui me püsime valve ja palvetame, õpetab Püha Vaim meile, kuidas õigel teel käia ja me võitleme oma pattude vastu ja heidame nad minema. Lisaks, meie süda sarnaneb Isanda omale sama palju, kui meie hing edeneb ja sellega võrdeliselt läheb meil kõiges hästi ja me oleme õnnistatud hea tervisega.

Palve on võti, mille abil edeneb kõik meie elus ja meid õnnistatakse hea füüsilise ja vaimse tervisega. 1. Johannese 5:18 sisaldab meile antud lubadust: *„Me teame, et ükski, kes on sündinud Jumalast, ei tee pattu, sest Jumalast sünnitatu hoiab* *ennast ja kuri ei puuduta teda.*" Sellepärast hoitakse meid vaenlase kuradi eest turvaliselt, kui me püsime valvel, palvetame ja käime valguses ja isegi kui me peaksime kiusatusse sattuma, Jumal näitab meile sellest väljapääsutee ja kõik asjad tulevad kasuks neile, kes Teda armastavad.

Kuna Jumal käskis meil pidevalt palvetada, peame me saama Ta õnnistatud lasteks, kes elavad Kristuses valvel püsides, vaenlast kuradit minema ajades ja saades kõik, mida Jumal meile õnnistuseks anda tahab.

1. Tessalooniklastele 5:23 kirjutatakse: *„Aga rahu Jumal ise pühitsegu teid läbinisti ning teie vaim ja hing ja ihu olgu tervikuna hoitud laitmatuna meie Isanda Jeesuse Kristuse tulemiseks!"*

Ma palun meie Isanda Jeesuse Kristuse nimel, et igaüks teist võiks saada Pühalt Vaimult abi, valvel püsides ja lakkamatult palvetades ja saaks kogu teis oleva patuloomusest vabanemise ja Püha Vaimu abil südame ümberlõikuse kaudu jumalalapse veatu plekitu südame, et te kogeksite Tema lapse meelevalda, mis tagab hinge hea käekäigu, et kõik teie elus edeneks ja te oleksite õnnistatud hea tervisega ja austaksite Jumalat kõiges, mida te teete!

5. peatükk

Õige inimese tõhus palve

Õige inimese mõjuvõimas eestpalve saadab palju korda. Eelija oli meiesugune inimene, ent ta palvetas püsivalt, et ei sajaks vihma, ning kolm aastat ja kuus kuud ei sadanud piiskagi vihma maa peale.
Siis ta palvetas taas ja taevas andis vihma ning maa laskis tärgata oma viljal.

Jakoobuse 5:16-18

1. Usupalve, mis tervendab haige

Kui me vaatame oma elu tagasivaates, palvetasime me vahel kannatades ja vahel siis, kui me kiitsime Jumalat ja rõõmustasime pärast palvevastuste saamist. Vahel palvetasime me teistega oma lähedaste tervise eest ja vahel austasime me Jumalat pärast palve kaudu inimesele võimatu teoks tegemist. Heebrealastele 11. peatükis on usu kohta palju räägitud. Meile meenutatakse 1. salmis, et: *„Usk on loodetava tõelisus, nähtamatute asjade tõendus,"* kuna aga *„Aga ilma usuta on võimatu olla meelepärane, sest kes tuleb Jumala juurde, peab uskuma, et Tema on olemas ja et ta annab palga neile, kes Teda otsivad"* (6. salm).

Usk on suurel määral eraldatud „lihalikuks usuks" ja „vaimseks usuks." Teisalt, lihaliku usuga võib uskuda Jumala Sõna ainult siis, kui Sõna on meie mõtetega kooskõlas. Niisugune lihalik usk ei too meie ellu mingit muudatust. Teisalt, vaimse usuga saab uskuda elavat Jumalat ja Tema Sõna väge niisugusena, nagu see on ka siis, kui see ei ühti meie mõtete ega teooriaga. Kui me usume kõik asjad eimillestki loonud Jumala tööd, kogeme me ka oma elus kogetavat muudatust Tema imetähtede ja tunnustegude näol ja hakkame uskuma, et kõik on tõesti võimalik neile, kes usuvad.

Sellepärast Jeesus ütles meile: *„Kuid uskujaid saadavad sellised tunnustähed: minu nimel ajavad nad välja kurje* *vaime, räägivad uusi keeli, tõstavad paljaste kätega üles mürkmadusid, ning kui nad jooksid midagi surmavat, ei kahjustaks see neid; haiged, kellele nad panevad käed peale, saavad terveks"* (Markuse 16:17-18), *„Kõik on võimalik sellele, kes usub"* (Markuse 9:23) ja *„Seepärast ma ütlen teile: Kõike, mida te iganes palves endale palute – uskuge, et te olete saanud, ja see saabki teile!"* (Markuse 11:24)

Kuidas me võime omada vaimset usku ja kogeda vahetult oma Jumala suurt väge? Kõigepealt tuleb meil meenutada, mida apostel Paulus ütles 2. Korintlastele 10:5: *„Ja purustame iga kõrkuse, mis tõstab end jumalatunnetuse vastu, ja me võtame vangi Kristuse sõnakuulmisse kõik mõtted."* Me ei või enam senini talletatud teadmisi tõesteks pidada. Selle asemel peame me iga Jumala Sõna vastu mineva mõtte ja teooria lammutama, Tema Sõna tõele kuuletuma ja selle kohaselt elama. Meie hing edeneb võrdväärselt lihalike mõtete lammutamisega ja valest vabanemisega ja me saame vaimse usu, mille abil me suudame uskuda.

Vaimne usk on usumõõt, mille Jumal on andnud igaühele meie seast (Roomlastele 12:3). Pärast evangeeliumi kuulutamist ja esiteks Jeesuse Kristuse vastuvõtmist, on meil sinepiivakese suurune usk. Kui me käime usinalt ülistusteenistustel, kuulame Jumala Sõna ja elame selle kohaselt, muutume me õiglasemaks. Lisaks, kui meie usk kasvab suuremaks, järgnevad meile kindlasti usklikke järgivad tunnustähed.

Haigete eest palvetamisel peab palve sisaldama palvetaja vaimset usku. Matteuse 8. peatükis kirjeldatud sõjapealikul, kelle sulane oli halvatud ja kannatas väga, oli usk, mis lasi tal uskuda, et ta sulane saab terveks Jeesuse ainsa sõna peale ja ta sulane tervenes täpselt sel tunnil (Matteuse 8:5-13).

Pealegi, kui me palvetame haigete eest, peame me usus julged olema ja mitte kahtlema, sest Jumala Sõnas öeldakse meile: *„Aga ta palugu usus, ilma kahtlemata, sest kahtleja sarnaneb tuule tõstetud ja sinna-tänna paisatud merelainega. Selline inimene ärgu ometi arvaku, et ta midagi saab Isandalt"* (Jakoobuse 1:6-7).

Jumalale meeldib tugev kindel usk, mis ei kõigu edasi-tagasi ja kui me ühineme armastuses ja palvetame haigete eest usus, tegutseb Jumal veelgi suurejoonelisemalt. Kuna haigus on patust tingitud ja Jumal on Isand, meie Ravija (2. Moosese raamat 15:26), kui me tunnistame üksteisele oma patud ja palvetame üksteise eest, andestab Jumal meile ja annab meile tervise.

Kui te palvetate vaimse usu ja vaimse armastusega, kogete te Jumala suurejoonelisi tegusid, tunnistate Jumala armastusest ja austate Teda.

2. Õige inimese palve on vägev ja tõhus

Merriam-Websteri sõnaraamatu *The Merriam-Webster Dictionary* alusel on õige inimene keegi, kes „tegutseb jumaliku või moraaliseadusega kooskõlas; süüst või patust vaba." Aga Roomlastele 3:10 öeldakse meile, et: *"Ei ole õiget, ei ühtainsatki."* Ja Jumal ütleb: *"Jumala ees ei ole ju õiged Seaduse kuuljad, vaid Seaduse täitjad, kes mõistetakse õigeks"* (Roomlastele 2:13) ja *"seepärast et Seaduse tegude tõttu ei mõisteta kedagi õigeks Tema ees, sest Seaduse kaudu tuleb patutundmine"* (Roomlastele 3:20).

Patt tuli maailma esimese loodud inimese Aadama sõnakuulmatuse tõttu ja ühe inimese patu tõttu sattusid arvukad inimesed hukkamõistu alla (Roomlastele 5:12, 18). Tema aust ilma jäänud inimkonnale ilmnes Seadusele lisaks Jumala õigus ja isegi Jumala õigus tuleb usklikele usu läbi Jeesusesse Kristusesse (Roomlastele 3:21-23).

Kuna selle maailma „õigus" kõigub iga sugupõlve väärtuste kohaselt, ei saa see olla õiguse tõeline standard. Aga kuna Jumal on muutumatu, võib Tema õigus olla tõelise õiguse standard.

Seega, Roomlastele 3:28 kirjutatakse: *"Me ju arvame, et inimene mõistetakse õigeks usu läbi, Seaduse tegudest sõltumata."* Aga me ei tühista seadst oma usuga, vaid pigem kehtestame seda (Roomlastele 3:31).

Kui meid mõistetakse usu läbi õigeks, peame me kandma pühaduse vilja, saades vabaks patust ja hakates Jumala orjadeks. Me peame püüdma igasugusest Jumala tõele vastu minevast valest vabakssaamise kaudu tõeliselt õiglaseks saada ja Tema Sõna – tõe enese – alusel elada.

Jumal kuulutab „õigeks" inimesed, kelle usk on tegudes ja kes püüavad Ta Sõna alusel igapäevaselt elada ja ilmutab oma tegusid vastuseks nende palvetele. Kuidas Jumal vastaks kellelegi, kes käib koguduses, aga on ehitanud enese ja Jumala vahele patumüüri vanematele sõnakuulmatuse, vendadega lahkhelide ja väärtegude tegemise tõttu?

Jumal teeb õige – Jumala Sõnale kuuleka ja selle alusel elava ja Jumala armastuse tõendit omava – inimese palve vägevaks ja tõhusaks, andes talle palvejõu.

Luuka 18:1-18 on tähendamissõna järelejätmatu lese kohta. Seal räägitakse lesest ja kohtuasjast, millega ta läks jumalakartmatu ja inimesi mitte austava kohtuniku ette. Isegi kui kohtunik oli jumalakartmatu ega hoolinud suuremat inimestest, aitas ta lõpuks leske. Kohtunik ütles enesele: *„Ehk ma küll ei karda Jumalat ega häbene inimesi, ometigi, kuna see lesk mind tüütab, muretsen ma talle õiguse, et ta oma lõputu käimisega mind ära ei piinaks"* (4.-5. salm).

Tähendamissõna lõpus ütles Jeesus: *„ Te kuulete, mida see ülekohtune kohtunik ütleb! Kas siis Jumal ei peaks muretsema õigust oma äravalituile, kes Tema poole kisendavad päevad ja ööd, kas Ta peaks viivitama neid aidates? Ma ütlen teile, küll Ta muretseb neile peatselt õiguse!"* (Luuka 18:7-8).

Aga kui me vaatame ringi, on inimesi, kes räägivad, et nad on jumalalapsed, palvetavad päeval ja ööl ja paastuvad sageli, aga nad ei saa palvevastuseid. Niisugused inimesed peavad aru saama, et nad ei ole veel Jumala silmis õiglaseks saanud.

Filiplastele 4:6-7 öeldakse: *"Ärge muretsege ühtigi, vaid teie vajadused saagu kõiges Jumalale teatavaks tänuütlemisega palumises ja anumises. Ja Jumala rahu, mis on ülem kui kogu mõistmine, hoiab teie südamed ja mõtted Kristuses Jeesuses.* " Jumalalt vastuste saamise määr sõltub sellest, kui palju inimene on Jumala arvates „õiglaseks" muutunud ja palvetab usus ja armastuses. Pärast õige inimese tingimustele vastamist ja palvetamist saab ta kiiresti Jumalalt vastused ja austab Teda. Seega on äärmiselt tähtis, et inimesed tiriksid maha Jumala ees seisva patumüüri, saaksid Jumala silmis „õiglaseks" tunnistamiseks vajalikud omadused ja palvetaksid tõsiselt usu ja armastusega.

3. And ja vägi

„Annid" on Jumala kingitused, mida Ta annab tasuta ja need tähistavad Jumala spetsiaalset tegevust Tema armastuses. Mida rohkem keegi palvetab, seda rohkem ta soovib ja palub Jumala andi. Aga vahel võib ta Jumalalt paluda andi oma petlike soovide kohaselt. Sellega ta toob enesele hävingut ja kuna see ei ole õige Jumala ees, tuleb sellest hoiduda.

Apostlite tegude 8. peatükis räägitakse Siimoni nimelisest

nõiast, kellele Filippus evangeeliumi kuulutas ja kes järgis Filippust kõikjale ja keda hämmastasid suured tunnustähed ja imeteod, mida ta nägi (9.-13. salm). Kui Siimon nägi, et Peetruse ja Johannese käte pealepaneku läbi anti Püha Vaimu, pakkus ta apostlitele raha ja palus nende käest: *"Andke minulegi see meelevald, et igaüks saaks Püha Vaimu, kelle peale ma iganes oma käed panen!"* (17.-19. salm) Selle peale noomis Peetrus Siimonat: *"Hävigu su hõbe koos sinuga, et sa arvad Jumala andi saavat rahu eest! Sul ei ole osa ega pärandit selles sõnas, sest su süda ei ole siiras Jumala ees. Paranda nüüd meelt oma kurjusest ja anu Isandat, et su mõttevälgatus sulle ehk andeks antaks. Sest ma näen sind olevat täis kibedat sappi ja ülekohtu köidikus"* (20.-23. salm).

Kuna ande antakse neile, kelle elus on näha elavat Jumalat ja inimkonna päästmiseks, peavad nad ilmnema Püha Vaimu juhatusel. Seega, me peame enne Jumalalt andide küsimist püüdma Ta silmis õiglased olla.

Pärast seda, kui me hinge lugu on heaks saanud ja meist on vormitud Jumalale kasutuskõlblikud töövahendid, laseb Ta meil Püha Vaimu õhutusel ande paluda ja annab meile palutud annid.

Me teame, et Jumal kasutas usuisasid paljudeks eesmärkideks. Mõnede kaudu nende seast ilmnes suur Jumala vägi, teised kuulutasid vaid prohvetlikult, Jumala väge ilmutamata ja oli ka neid, kes üksnes õpetasid inimesi. Mida enam neil oli täielikku usku ja armastust, seda suurema väe nad Jumalalt said ja seda rohkem Ta lasi nende kaudu suurematel tegudel ilmneda.

Kui Mooses elas Egiptuse printsina, oli tal nii tuline ja äkiline temperament, et ta tappis hetkega teisi iisraellasi halvasti kohelnud egiptlase (2. Moosese raamat 2:12). Kuid Mooses muutus pärast palju katsumusi väga alandlikuks inimeseks, kes oli teistest maapealsetest alandlikum ja siis anti talle suur vägi. Ta tõi iisraellased Egiptusest välja, ilmutades palju erinevaid imesid ja tunnustähti (4. Moosese raamat 12:3).

Me teame ka prohvet Eelija palvet, mis on kirjas Jakoobuse 5:17-18: *„Eelija oli meiesugune inimene, ent ta palvetas püsivalt, et ei sajaks vihma, ning kolm aastat ja kuus kuud ei sadanud piiskagi vihma maa peale. Siis ta palvetas taas ja taevas andis vihma ning maa laskis tärgata oma viljal."*

Nii nagu me oleme näinud ja nii nagu Piiblis räägitakse, õige inimese palve on vägev ja tõhus. Õigel inimesel on väljapaistev tugevus ja jõud. Kuigi on olemas palvetamist, mille abil inimesed ei saa Jumalalt palvevastuseid ka pärast arvukaid palvetunde, on olemas ka väga tugev palve, mis toob nii Jumala vastused kui ka Tema väeilmingud. Jumalal on heameel usupalvest ja armastavast ohvrimeelsest palvest ning Ta laseb inimestel end austada erinevate andidega ja väega, mis Ta inimestele annab.

Aga me ei ole algusest saadik õiglased olnud ja saime usu läbi õigeks alles pärast Jeesuse Kristuse vastuvõtmist. Me muutume õiglaseks võrdväärselt patuteadlikkusega, kui me kuuleme Tema Sõna, vabaneme väärusest ja meie hinge lugu on hea. Lisaks, kuna me muutume õiglasemateks inimesteks võrdväärselt valguses elamise ja käimise määrale, peab Jumal iga päev meie elu muutma niimoodi, et meiegi võiksime tunnistada nagu apostel Paulus: „*Ma suren igapäevaselt*" (1. Korintlastele 15:31).

Ma õhutan teid kõiki oma elu peale tagasi vaatama, et seal ei seisaks teie ja Jumala vahelist müüri ja selle olemasolu korral seda viivitamatult alla tõmbama.

Ma palun meie Isanda nimel, et igaüks teist kuuletuks usus, oleks armastusest ohvrimeelne ja palvetaks õige inimese moodi, et teid peetaks õiglaseks, et te oleksite igas oma ettevõtmises õnnistatud ja austaksite Jumalat tingimusteta!

6. peatükk

Kui kaks teie seast nõustuvad maa peal

Tõesti, taas ma ütlen teile,
kui iganes maa peal kaks teie seast
on ühel meelel mingi asja suhtes,
mida nad iganes paluvad,
siis nad saavad selle minu Isa käest, kes on taevas.
Sest kus kaks või kolm on minu nimel koos,
seal olen mina nende keskel.

Matteuse 18:19-20

1. Jumal võtab üksmeelse palve rõõmuga vastu

Korea vanasõnas öeldakse: „Isegi paberitükki on parem koos tõsta." Enese isoleerimise ja kõige ise tegemise asemel õpetab see ajastute vanune vanasõna, et kahe ja enama inimese koostöö on efektiivsem ja võib anda parema tulemuse. Kristlus, kus rõhutatakse ligimesearmastust ja koguduseliikmete armastamist, peab ka selles heaks eeskujuks olema.

Koguja 4:9-12 öeldakse: *„Parem on olla kahekesi kui üksi, sest neil on oma vaevast hea palk: kui nad langevad, siis tõstab teine oma kaaslase üles. Aga häda sellele, kes üksik on, kui ta langeb, ega ole teist, kes ta üles tõstaks! Nõndasamuti: kui kaks magavad üheskoos, siis on neil soe; aga kuidas üksik sooja saab? Ja kui ka üksikust jagu saadakse, siis kaks panevad ometi vastu; ja kolmekordset lõnga ei kista katki nii kergesti."* Need salmid õpetavad, et inimeste ühinemine ja koostöö võib anda suure väe ja rõõmu.

Samamoodi öeldakse Matteuse 18:19-20, kui tähtis on see, et usklikud koguneksid ja palvetaksid üksmeelselt. On „individuaalne palve", mille käigus inimesed palvetavad ise oma probleemide eest või nad palvetavad Sõna üle mõtiskledes Jumalaga osaduses olles ja on „üksmeelne palve", kus hulk kogunenud inimesi hüüab Jumalat appi.

Nii nagu Jeesus ütles: „kui kaks teie seast nõustuvad maa peal" ja „kus kaks või kolm on Minu nimel koos", üksmeelne palve tähistab paljude üksmeelset palvet. Jumal ütleb meile, et Tal on hea meel üksmeelsest palvest ja Ta lubab teha kõike, mida me Temalt palume ja olla meiega, kui kaks või kolm tulevad meie Isanda nimel kokku.

Kuidas me austame Jumalat Temalt üksmeelselt kodus ja koguduses, omade seas ja kodugrupis palves saadud vastustega? Süveneme üksmeelse palve tähendusse ja meetoditesse ja teeme selle väest omale leiva, et me võiksime Jumalalt saada kõike, kui me palume Ta riigi, õiguse ja koguduse eest ja toome Talle suurt au.

2. Üksmeelse palve tähendus

Selle peatüki esimestes salmides räägib Jeesus meile: *„Tõesti, taas ma ütlen teile, kui iganes maa peal kaks teie seast on ühel meelel mingi asja suhtes, mida nad iganes paluvad, siis nad saavad selle minu Isa käest, kes on taevas"* (Matteuse 18:19). Siin me näeme midagi iseäralikku. Miks Jeesus ütles „ühe inimese", „kolme inimese" või „kahe ja enama inimese" palvele viitamise asemel spetsiaalselt: „kui iganes maa peal kaks teie seast on ühel meelel mingi asja suhtes, mida nad iganes paluvad" ja asetama rõhuasetuse „kahe" inimese peale?

„Kaks teie seast" tähistab siin suhteliselt igaühte meist kui „mina" ja teisi inimesi. Teiste sõnadega „kaks teie seast" võib tähistada ühte inimest, kümmet, sadat või tuhandet ühele inimesele lisaks.

Aga mida tähistab siis vaimselt „kaks teie seast"? Meil on oma „minaolemus" ja meie sees elab Püha Vaim, kellel on oma iseloom. Nii nagu kirjutatakse Roomlastele 8:26: *„Samuti tuleb ka Vaim appi meie nõtrusele: me ju ei tea, kuidas palvetada, nõnda nagu peab, kuid Vaim ise palub meie eest sõnatute ägamistega,"* teeb meie eest palvetav Püha Vaim meie südame enesele templiks, kus elada.

Kui me Jumalat esiteks uskume ja Jeesuse oma Päästjaks võtame, antakse meie meelevalla, millega meil on jumalalapse õigus. Püha Vaim tuleb ja elustab meie vaimu, mis oli pärispatu tõttu surnud. Seega, iga jumalalapse sees on tema süda ja Püha Vaim, kellel on oma iseloom..

„Kaks inimest maa peal" tähendab meie oma südame palvet ja meie vaimu palvet, mis on Püha Vaimu eestpalve (1. Korintlastele 14:15; Roomlastele 8:26). Ütlus „kaks inimest maa peal on ühel meelel mingi asja suhtes, mida nad iganes paluvad" tähendab, et need kaks palvet tõusevad Jumala ette üksmeelselt. Pealegi, kui Püha Vaim liitub ühe isikuga või kahe ja enama isikuga palves, tähendab see, et „teie kaks" nõustute maa peal kõige suhtes, mida te palute.

Kui me üksmeelse palve tähendust meeles peame, kogeme me kindlasti Isanda lubaduse täitumist: *„Tõesti, taas ma ütlen teile, kui iganes maa peal kaks teie seast on ühel meelel mingi asja suhtes, mida nad iganes paluvad, siis nad saavad selle minu*

Isa käest, kes on taevas" (Matteuse 18:19).

3. Üksmeelse palve meetodid

Jumal võtab üksmeelse palve hea meelega vastu, vastab sellisele palvele kiiresti ja ilmutab oma suuri tegusid, sest inimesed paluvad Teda ühest südamest.

See on kindlasti ülevoolava rõõmu, rahu ja Jumala piiramatu au allikas, kui Püha Vaim ja igaüks meist paluvad kogu südamest. Me suudame „tulise vastuse" alla tuua ja tunnistame kindlalt elavast Jumalast. Aga „üheks südameks" saamine ei ole lihtne ülesanne ja oma südamesse üksmeele toomine on väga olulise tähendusega.

Oletame, et sulasel on kaks peremeest. Kas ta ustavus ja südamest teenimine pole loomupäraselt jagatud? Probleem on suurem, kui sulase kahel peremehel on erinevad isiksused ja maitsed.

Taas, oletame, et kaks inimest tulid mingi sündmuse jaoks plaanide tegemiseks kokku. Aga kui neil ei õnnestunud üksmeelselt olla ja nad jäid selle asemel oma arvamustes lahkmeelele, oleks kindlam järeldada, et asjad ei edene liiga hästi. Pealegi, kui mõlemad tegutsesid kahe erineva eesmärgiga südames, võis nende planeerimine väliselt küll hästi minevat näida, aga tulemus oleks olnud ilmselge. Seega, ühe südamega olemise võime kas üksinda, teisega või kahe või enama inimesega palvetades, on Jumalalt vastuse saamiseks peamine.

Aga kuidas me siis võime palves ühe südamega olla?

Üksmeeles palvetavad inimesed peavad paluma Püha Vaimu õhutusel, olema Pühast Vaimust haaratud, Püha Vaimuga üheks saama ja Pühas Vaimus palvetama (Efeslastele 6:18). Kuna Pühal Vaimul on Jumala meel, otsib Ta läbi kõik asjad, isegi Jumala sügavused (1. Korintlastele 2:10) ja teeb meie eest palvet Jumala tahte kohaselt (Roomlastele 8:27). Kui me palume niimoodi, nagu Püha Vaim meie mõtteid suunab, võtab Jumal meie palve hea meelega vastu, annab meile kõik palutu ja täidab isegi me südameigatsused.

Püha Vaimu täiuses palvetamiseks tuleb Jumala Sõna kahtlusteta uskuda, tõele kuuletuda, alati rõõmus olla, pidevalt palves olla ja igas olukorras tänada. Me peame ka Jumalat kogu südamest appi hüüdma. Kui me näitame Jumalale usku tegudes ja maadleme palves, on Tal hea meel ja Ta annab meile Püha Vaimu läbi rõõmu. Seda kutsutakse Püha Vaimuga „täidetud olemiseks" ja Temast „sisendatud olemiseks".

Mõned vastpöördunud või need, kes pole alaliselt palvetanud, ei ole veel palveväge saanud ja leiavad seetõttu, et üksmeelne palvetamine on vaevaline ja raske. Kui sellised inimesed palvetavad tund aega, püüavad nad igasuguste palveteemadega lagedale tulla, aga ei suuda tundi aega palvetada. Nad väsivad ja muutuvad kurnatuks ning ootavad ärevalt, et aeg kiirelt mööda läheks ning räägivad lõpuks palves tühiasju. Selline palve on „hingest tulev palve", millele Jumal vastata ei saa.

Paljude koguduses isegi rohkem kui kümme aastat käinute palve on ikka hingeline. Suurem osa inimestest, kes kaebavad või on kaotanud julguse Jumalalt vastuste mitte saamise tõttu, ei saa Temalt vastuseid oma hingelise palveelu tõttu. Aga see ei tähenda, et Jumal oleks nende palvele selja pööranud. Jumal kuuleb nende palvet; Ta ei saa sellele lihtsalt vastata.

Mõned võivad kindlasti küsida: „Kas see tähendab, et palvetamine on mõttetu, kuna me palvetame Püha Vaimu sisenduseta?" Aga see ei vasta tõele. Isegi kui nad palvetavad vaid oma mõttes, kui nad hüüavad usinalt Jumalat appi, avanevad palveväravad ja nad saavad palveväe ja hakkavad vaimus palvetama. Palveta ei saa palveväravad avaneda. Kuna Jumal kuulab isegi hingelist palvet, kui palveväravad avanevad kord, olete te Püha Vaimuga ühenduses, palvetate Püha Vaimu sisendusel ja saate minevikus palutud palvetele vastused.

Oletame, et oli poeg, kes polnud oma isale meelepärane. Kuna poeg ei suutnud isale oma tegudega meeltmööda olla, ei saanud ta midagi isalt palutut. Aga ühel päeval muutus poeg isale meelepäraseks ja isa leidis isegi, et poeg oli talle südamelähedane. Aga kuidas isa poega kohtlema hakkas? Pidage meeles, et nende suhe ei olnud enam selline, nagu minevikus. Isa tahtis pojale anda kõike, mida ta palus ja poeg sai isegi varem palutu.

Samamoodi, isegi kui me palvetame oma mõtetest lähtuvalt, kui palve on kogunenud, saame me palveväe ja hakkame palvetama Jumalale meelepäraselt, kui palveväravad avanevad. Siis saame me isegi Jumala käest minevikus palutu ja saame aru, et Ta ei ole me palve ainsatki tühiasja tähelepanuta jätnud.

Pealegi, kui me palume Püha Vaimu täiuses vaimus, me ei väsi ega anna unisusele ega maailmalikele mõretele asu, vaid palume usu ja rõõmuga. Niiviisi saab isegi inimeste rühm palvetada üksmeelselt, sest nad palvetavad vaimus ja armastusega üksmeelselt ja samas tahtes.

Selle peatüki teises põhisalmis kirjutatakse: *„Sest kus kaks või kolm on minu nimel koos, seal olen mina nende keskel"* (Matteuse 18:20). Kui inimesed tulevad kokku, et Jeesuse Kristuse nimel palvetada, paluvad Püha Vaimu saanud jumalalapsed tegelikult üksmeelselt ja meie Isand on kindlasti nendega. Teiste sõnadega, kui Püha Vaimu vastu võtnud inimrühm koguneb ja palvetab üksmeelselt, vaatab Isand igaühe mõtteid, ühendab neid Püha Vaimu kaudu ja juhatab nad üksmeelde, et nende palve oleks Jumalale meeltmööda.

Aga kui inimrühm ei suuda kogunedes ühe südamega olla, ei saa see rühm tervikuna üksmeelselt palvetada ja kõik osalejad ei saa südamest palvetada ka siis, kui nad palvetavad ühise eesmärgi eest, ent ühe osaleja süda ei ole teise rühmaliikmega ühel meelel. Kui osalejate süda ei suuda ühtne olla, peaks koosoleku juht osalejad Jumalat kiitma ja meelt parandama juhatama, et kogunenud inimeste süda võiks Pühas Vaimus ühtne olla.

Meie Isand on palvetajatega siis, kui nad muutuvad Pühas Vaimus ühtseks ja Ta vaatab iga osaleja südant ja juhatab neid. Kui inimesed ei palveta üksmeeles, tuleb aru saada, et meie Isand ei saa niisuguste inimestega olla.

Kui inimesed saavad Pühas Vaimus üheks ja palvetavad üksmeelselt, palvetab igaüks kogu südamest, on Püha Vaimuga täidetud, higine ja kindel Jumala vastustes, mida nad paluvad ülevalt tulnud rõõmupuhangust haaratult. Meie Isand on nendega, kes niimoodi palvetavad ja taoline palve on Jumalale meeltmööda.

Ma loodan, et igaüks teist saab Püha Vaimu täiuses üksmeelselt ja kogu südamest palvetades iga palvevastuse ja austab sellega Jumalat teistega oma kodugrupis, rühmas, kodus või koguduses kogunemisel.

Üksmeelse palve suur vägi

Üks üksmeelse palve eeliseid seisneb kiiruses, millega inimesed saavad Jumalalt palvevastused ja Tema poolt ilmutatud teo laadis, sest näiteks ühe inimese kolmekümne minutine palve ühe palvesoovi eest ja kümne inimese palve sama soovi eest erinevad oluliselt. Kui inimesed palvetavad üksmeeles ja Jumal võtab nende palve rõõmuga vastu, kogevad nad Jumala töö vaieldamatut ilmingut ja suurt palveväge.

Apostlite tegudes 1:12-15 kirjutatakse, et pärast meie Isanda ülestõusmist ja taevasseminekut kogunes rühm inimesi, kaasa arvatud Ta jüngrid, pidevaks palveks. Seal oli umbes sada kakskümmend inimest. Need inimesed kogunesid ja ootasid siira südamega tõotatud Püha Vaimu ja palvetasid nelipühipäevani.

Kui nelipühapäev kätte jõudis, olid nad kõik koos ühes paigas. Ja äkitselt tuli taevast kohin, otsekui tugev tuul oleks puhunud, ja täitis kogu koja, kus nad istusid. Ja nad nägid otsekui hargnevaid tulekeeli, mis laskusid iga üksiku peale nende seas. Ja nad kõik täideti Püha Vaimuga ning hakkasid rääkima teisi keeli, nõnda nagu Vaim neile andis rääkida (Apostlite teod 2:1-4).

See on väga imeline Jumala tegu. Kui nad palvetasid üksmeelselt, sai igaüks saja kahekümnest kogunenud inimesest Püha Vaimu ja hakkas teiste keeltega rääkima. Ka apostlid said Jumalalt suure väe, et peaaegu kolm tuhat inimest võtsid Peetruse sõnumi kaudu Jeesuse Kristuse vastu ja ristiti (Apostlite teod 2:41). Kui apostlite kaudu said ilmsiks igasugused imed ja tunnustähed, kasvas usklike arv iga päevaga ja nende elu hakkas samuti muutuma (Apostlite teod 2:43-47).

Nähes Peetruse ja Johannese kartmatust ja teada saades, et nad on õppimata ja lihtsad mehed, panid nad seda imeks. Nad tundsid ära, et need mehed olid olnud Jeesuse kaaslased. Ja kui nad nägid tervendatud meest nende juures seisvat, ei olnud neil midagi vastu ütelda (Apostlite teod 4:13-14).

Apostlite käte läbi sündis palju tunnustähti ja imetegusid rahva seas, ja nad olid kõik koos ühel meelel Saalomoni sammaskäigus. Ehkki muudest inimestest ei söandanud keegi nendega lähedalt suhelda, pidas rahvas neist suurt lugu. Seda enam aga lisandus neid, kes uskusid Isandasse, suurel hulgal nii mehi kui naisi, nii et nad kandsid ka haigeid tänavatele ning panid need kanderaamidele ja vooditele, et Peetruse möödudes kas või tema varigi langeks mõne peale neist. Ka Jeruusalemma ümbruse linnade rahvas tuli kokku, tuues haigeid ja rüvedatest vaimudest vaevatuid, kes kõik said terveks (Apostlite teod 5:12-16).

Üksmeelne palve võimaldas apostlitel julgelt Jumala Sõna kuulutada ja terveks teha pimedaid, jalutuid ja nõrku, surnuid ellu äratada, igasugust haigust tervendada ja kurje vaime välja ajada.

Järgnev lugu räägib kristluse tagakiusamise poolest eriti tuntud Heroodese (Agrippa I) valitsusajal vangistatud Peetrusest.

Apostlite teod 12:5 kirjutatakse: *"Nii peeti siis Peetrust vangis, aga kogudus palvetas lakkamatult Jumala poole tema pärast."* Kui Peetrus magas, olles kahe ahelaga kinniseotud, palvetas kogudus üksmeeles Peetruse eest. Pärast seda, kui Jumal kuulis koguduse palvet, saatis Ta ingli Peetrust päästma.

Ööl enne seda, kui Heroodes pidi Peetruse üle kohut mõistma, oli apostel kahe ahelaga seotud ja magas ning sõdurid valvasid sissepääsu juures (Apostlite teod 12:6). Aga Jumal ilmutas oma väge ja vallandas ahelad ning vangla raudvärav avanes iseenesest (Apostlite teod 12:7-10). Peetrus jõusid Johannese ehk teise nimega Markuse ema Maarja majja ja avastas, et paljud olid kogunenud tema eest palvetama (Apostlite teod 12:12). Selline imetegu juhtus koguduse üksmeelse palveväe tulemusel.

Üksmeelne palve oli kõik, mida kogudus vangistatud Peetruse heaks tegi. Samamoodi, kui kogudus mattub probleemidesse või usklikud haigestuvad, peaksid jumalalapsed inimlike mõtete ja viiside või muretsemise ja närviliseks mineku asemel uskuma esiteks, et Jumal lahendab kõik nende probleemid ja tulema üksmeelselt kokku, et ühel meelel palvetada.

Jumal on koguduse üksmeelsest palvest väga huvitunud ja see teeb Talle rõõmu ning Ta vastab sellisele palvele oma imetegudega. Kas te kujutate ette, kui hea meel on Jumalal oma lapsi jumalariigi ja selle õiguse eest üksmeeles palvetamas näha?

Kui inimesed täituvad Püha Vaimuga ja palvetavad vaimust üksmeelselt palveks kokku tulles, kogevad nad Jumala suuri tegusid. Nad saavad väe, et Jumala Sõna alusel elada ja elavast Jumalast tunnistust anda, nii nagu algkogudused ja apostlid tegid, nad avardavad jumalariiki ja saavad kõik palvevastused.

Pidage palun meeles, et Jumal lubas meie üksmeelsele palumisele ja palvele vastata. Ma palun meie Isanda nimel, et igaüks teie seast mõistaks täielikult üksmeelse palve tähendust ja kohtuks innukalt teistega, kes palvetavad Jeesuse Kristuse nimel, et te võiksite esiteks kogeda suurt palveväge üksmeelselt palvetades ja et te võiksite saada väärtuslikuks töötegijaks, kes tunnistab elavast Jumalast!

7. peatükk

Te peaksite palvetama ja mitte julgust kaotama

Jeesus rääkis neile tähendamissõna selle kohta, et nad peavad ikka palvetama ega tohi tüdida:

„Ühes linnas oli kohtunik, kes ei kartnud Jumalat ega häbenenud inimesi. Samas linnas oli ka lesknaine, kes käis aina tema juures ja rääkis: „Kaitse mu õigust mu vastase vastu!" Ja tükk aega kohtunik ei tahtnud. Aga pärast ta mõtles endamisi: „Ehk ma küll ei karda Jumalat ega häbene inimesi, ometigi, kuna see lesk mind tüütab, muretsen ma talle õiguse, et ta oma lõputu käimisega mind ära ei piinaks.""

Aga Isand ütles: „Te kuulete, mida see ülekohtune kohtunik ütleb! Kas siis Jumal ei peaks muretsema õigust oma äravalituile, kes Tema poole kisendavad päevad ja ööd, kas Ta peaks viivitama neid aidates? Ma ütlen teile, küll Ta muretseb neile peatselt õiguse! Ometi, kui Inimese Poeg tuleb, kas Ta leiab usku maa pealt?"

Luuka 18:1-8

1. Järelejätmatu lese tähendamissõna

Kui Jeesus õpetas rahvale Jumala Sõna, rääkis Ta neile tähendamissõnade abil (Markuse 4:33-34). „Järelejätmatu lese tähendamissõna", mis on selle peatüki aluseks, teavitab meid järelejätmatu palve tähtsusest, kuidas me peaksime alati palvetama ja kuidas me ei tohiks alla anda.

Kui püsivalt te palvetate, et Jumalalt vastuseid saada? Kas te teete palvetamises pausi või olete te alla andnud, sest Jumal peab alles te palvele vastama?

Elus esineb arvukaid suuri ja väikeseid probleeme. Kui me kuulutame inimestele evangeeliumi ja räägime neile elavast Jumalast, hakkavad mõned Jumalat otsivad inimesed oma probleemidele lahenduse leidmiseks koguduses käima ja teised tulevad lihtsalt oma südame trööstimiseks.

Hoolimata põhjustest, miks inimesed koguduses käima hakkavad, kui nad ülistavad Jumalat ja võtavad Jeesuse Kristuse vastu, õpivad nad, et nad võivad jumalalastena saada kõik palutu ja palveinimesteks muutuda.

Seega, kõik jumalalapsed peavad Tema Sõna kaudu õppima, milline on Talle meelepärane palve, palvetama palve põhimõtetele vastavalt ja omama usku vastupidamiseks ja palvetamiseks, kuni nad saavad Jumalalt palvevastuste vilja. Sellepärast on usuinimesed palve tähendusest teadlikud ja palvetavad harjumuse tõttu. Nad ei tee palvetamata jätmise pattu ka siis, kui nad ei saa kohest palvevastust. Allaandmise asemel palvetavad nad veelgi tulisemalt.

Inimesed saavad Jumalalt vastused vaid sellise usuga ja austavad Teda. Aga isegi, kui paljud inimesed tunnistavad oma usku, on nii suure usuga inimesi raske leida. Sellepärast meie Isand kurdab ja küsib: „*Aga kui Inimese Poeg tuleb, kas Ta leiab usku maa pealt?* " (Luuka 18:8)

Ühes linnas oli ebamoraalne kohtunik, kelle juurde tuli lesknaine palvega: „Kaitse mind seaduslikult mu vastase eest." See korrumpeerunud kohtunik ootas altkäemaksu, aga vaene lesknaine ei suutnud isegi kohtunikule temast lugupidamise märgiks mitte midagi anda. Aga lesknaine jätkas kohtuniku ette tulemist ja ta anumist ja kohtunik keeldus lese palvet täitmast. Siis, ühel päeval otsustas ta teisiti teha. Kas te teate, miks? Kuulake, mida kõlvatu kohtunik ise ütles:

> „*Ja tükk aega kohtunik ei tahtnud. Aga pärast ta mõtles endamisi: „Ehk ma küll ei karda Jumalat ega häbene inimesi, ometigi, kuna see lesk mind tüütab, muretsen ma talle õiguse, et ta oma lõputu käimisega mind ära ei piinaks*" " (Luuka 18:4-5).

Kuna lesk oli järelejätmatu ja tuli oma palvega pidevalt tagasi, pidi isegi see kuri kohtunik teda tüüdanud lese soovile lõpuks alistuma.

Selle tähendamissõna lõpus, mida Jeesus kasutas meile

Jumalalt vastuste saamise õpetamiseks, järeldas Ta: „*Aga Isand ütles: Te kuulete, mida see ülekohtune kohtunik ütleb! Kas siis Jumal ei peaks muretsema õigust oma äravalituile, kes Tema poole kisendavad päevad ja ööd, kas Ta peaks viivitama neid aidates? Ma ütlen teile, küll ta muretseb neile peatselt õiguse!*" (6.-8. salm)

Kui kõlvatu kohtunik kuulas lese palvet, miks siis õiglane Jumal ei peaks vastama, kui Ta lapsed Teda appi hüüavad? Kui nad tõotavad teatud probleemile vastuse saada, paastuvad, on öö otsa üleval ja maadlevad palves, kuidas siis Jumal ei vastaks neile kiiresti? Ma olen kindel, et paljud teie seast on kuulnud juhtumitest, kus inimesed on saanud Jumalalt vastused teatud ajavahemiku jooksul, mis nad on palvetada tõotanud.

Laulus 50:15 ütleb Jumal: „*Ja hüüa mind appi ahastuse päeval; siis ma tõmban su sellest välja ja sina annad mulle au!*" Teiste sõnadega, Jumal on ette näinud, et me austame Teda palvevastustega. Jeesus tuletab meile meelde Matteuse 7:11: „*Kui nüüd teie, kes olete kurjad, oskate anda häid ande oma lastele, kui palju enam teie Isa, kes on taevas, annab head neile, kes teda paluvad!*" Kuidas võiks Jumal, kes lasi oma ainsal Pojal kõhklusteta meie eest surra mitte vastata oma armastatud laste palvele? Jumal soovib kiiresti vastata oma lastele, kes Teda armastavad.

Aga miks nii paljud inimesed ütlevad, et nad ei saa Jumalalt vastuseid, kuigi nad palvetavad? Jumala Sõna räägib meile spetsiaalselt Matteuse 7:7-8: *"Paluge, ja teile antakse, otsige, ja te leiate, koputage, ja teile avatakse, sest iga paluja saab ja otsija leiab ja igale koputajale avatakse!."* Sellepärast on võimatu, et meie palve jääks vastuseta. Aga Jumal ei suuda meie palvele vastata meie ja Tema vahelise müüri tõttu, kuna me pole piisavalt palju palvetanud või kuna palvevastuste saamise aeg ei ole veel kätte jõudnud.

Me peame alati palvetama ja mitte alla andma, sest kui me püsime ja palvetame usus, rebib Püha Vaim Jumala ja meievahelise müüri maha ja avab tee meeleparanduse kaudu Jumalalt vastuste saamiseks. Kui meie palvehulk näib Jumala arvates piisav olevat, vastab Ta meile kindlasti.

Luuka 11:5-8 õpetab Jeesus taas vastupidavust ja pealekäimist:

> *Ja Jeesus ütles neile: "Kui kellegi teie seast oleks sõber ja see tuleks südaöösel ta juurde ja ütleks talle: "Sõber, laena mulle kolm leiba, sest mu sõber on rännakul tulnud mu juurde ja mul ei ole midagi talle pakkuda!", kas saaks ta toast vastata: "Ära tüüta mind, uks on juba lukus ja ma olen koos lastega voodis, ma ei saa üles tõusta sulle andma!"? Ma ütlen teile, kui ta ka ei tõuse teisele leiba andma sõpruse pärast, siis ta teeb seda ometi tema järelejätmatu pealekäimise pärast, kui ta kord juba on üles*

äratatud, ja annab talle, niipalju kui tal vaja."

Jeesus õpetab, et Jumal ei keeldu, vaid vastab oma laste pealekäimisele. Kui me Jumalat palume, tuleb meil paluda julgelt ja püsivalt. See ei tähenda, et te lihtsalt nõuaksite, vaid et te palvetate ja küsite usus, kindlustundega. Piiblis mainitakse sageli palju usuisasid, kes said niisugusele palvele vastused.

Pärast seda kui Jaakob võitles ingliga Jaaboki jõel hommikuni välja, palvetas ta kogu südamest ja nõudis tugevalt õnnistust, öeldes: „Ei ma lase sind mitte, kui sa mind ei õnnista!" (1. Moosese raamat 32:27) ja Jumal tegi Jaakobi õnnistused võimalikuks. Sellest ajast saadik kutsuti Jaakobit „Iisraeliks" ja ta sai iisraellaste esiisaks.

Matteuse 15. peatükis tuli kaananlanna, kelle tütar oli deemonitest seestunud, esiteks Jeesuse juurde ja hüüdis Teda appi: *„Issand, Taaveti Poeg, halasta minu peale! Kuri vaim vaevab mu tütart hirmsasti."* Kuid Jeesus ei lausunud sõnagi (Matteuse 15:22-23). Kui naine tuli teist korda ja põlvitas Tema ette, Teda anudes, ütles Jeesus lihtsalt: *„Mind ei ole läkitatud muude kui Iisraeli soo kadunud lammaste juurde"* ja keeldus naise palvet täitmast (Matteuse 15:25-26). Kui naine anus Jeesust veel: *„Ei ole küll, Isand, ometi söövad koerakesed raasukesi, mis nende isandate laualt pudenevad,"* ütles Jeesus talle: *„Oh naine, sinu usk on suur! Sündigu sulle, nagu sa tahad!"* (Matteuse 15:27-28).

Samamoodi tuleb meil Jumala Sõna kohaselt käia oma usuisade jälgedes ja palvetada alati. Ja me peaksime palvetama usus, kindlustundega ja põleva südamega. Me peame usuga Jumalasse, kes laseb meil lõigata õigel ajal, saama tõelisteks Kristuse järgijateks oma palveelus ja ei tohi alla anda.

2. Miks meil tuleb pidevalt palvetada

Nii nagu inimene ei saa hingamata elada, ei saa Püha Vaimu saanud jumalalapsed igavesse ellu palvetamata minna. Palve on kahekõne elava Jumalaga ja meie vaimu hingamine. Kui Püha Vaimu saanud jumalalapsed ei suhtle Temaga, kustutavad nad Püha Vaimu tule ja ei suuda seega enam eluteed pidi minna, vaid lähevad selle asemel hoopis surma teed pidi ja ei jõua lõpuks pääsemisele.

Aga, kuna palve rajab Jumalaga suhtluse, pääseme me, kui me kuulame Püha Vaimu häält ja õpime ja elame Jumala tahte kohaselt. Isegi kui meie elus esinevad probleemid, annab Jumal meile selle vältimiseks võimaluse. Ta pöörab ka kõik meie heaks. Palve teel kogeme me ka meid vaenlase kuradi vastu minekuks ja ta võitmiseks kinnitava Kõigeväelise Jumala väge, seega austades Teda oma püsiva usuga, mis võib võimatu võimalikuks teha.

Seega, Piiblis käsitakse meil lakkamatult palvetada (1. Tessalooniklastele 5:17) ja see on „Jumala tahe" (1.

Tessalooniklastele 5:18). Jeesus jättis meile õige palvetamise eeskuju, palvetades pidevalt Jumala tahte kohaselt, hoolimata ajast või kohast. Ta palvetas kõrbes, mäel ja paljudes teistes kohtdes ja palvetas ka koidikul ja öösel.

Meie usuisad elasid pidevalt palvetades Jumala tahtes. Prohvet Saamuel ütles: *„Ka mina ise – jäägu see minust kaugele! – teeksin pattu Isanda vastu, kui ma lakkaksin palvetamast teie eest. Mina aga tahan teile õpetada head ja õiget teed"* (1. Saamueli raamat 12:23). Palve on Jumala tahe ja Ta käsk; Saamuel ütleb, et mitte palvetamine on patt.

Kui me ei palveta või teeme oma palveelus pausi, imbuvad meie meelde maailmalikud mõtted ja ei lase meil Jumala tahte järgi elada. Siis esinevad meil raskused, sest me oleme Jumala kaitse alt väljas. Seega, kui inimesed sattuvad kiusatusse, nurisevad nad Jumala vastu või lähevad veelgi enam Tema teedelt kõrvale.

Sellepärast on 1. Peetrusele 5:8-9 kirjas meeldetuletus: *„Olge kained, valvake! Teie süüdistaja, kurat, käib ringi nagu möirgav lõvi, otsides, keda neelata. Tema vastu seiske kindlalt usus, teades, et neidsamu kannatusi on pandud kogema kogu kristlaskond maailmas"* ja õhutab meid alati palvetama. Palvetame mitte üksnes probleemide korral, vaid alati, et me oleksime õnnistatud jumalalapsed, kelle elus kõik edeneb.

3. Me lõikame vilja õigel ajal

Galaatlastele 6:9 kirjutatakse: *„Ärgem tüdigem head tehes, küll me omal ajal ka lõikame, kui me enne ära ei nõrke!"* Palvega on samamoodi. Kui me palvetame alati Jumala tahte kohaselt ja ei loobu, lõikame me õigel ajal vilja.

Kui põllumees muutub varsti pärast seemne külvamist kannatamatuks ja kaevab seemne maast üles või kui ta ei kanna võrsete eest hoolt ja ei oota, siis mis mõtet oleks tal saaki koristada üritada? Pühendumist ja vastupidavust on vaja palvevastuste saamiseni.

Pealegi, saagikoristuse aeg sõltub külvatud seemnete liigist. Mõned seemned kannavad mõne kuuga vilja, aga teiste korral võib kuluda aastaid. Aedvilja ja vilja lõikust saadakse lihtsamalt, kui õunu või haruldasi taimi nagu ženšenni. Hinnalisemate ja kallimate viljade korral tuleb investeerida rohkem aega ja rohkem pühenduda.

Te peate mõistma, et suuremate ja tõsisemate probleemide puhul on vaja rohkem palvet. Kui prohvet Taaniel nägi nägemuses Iisraeli tulevikku, leinas kolm nädalat ja palvetas, kuulis Jumal Taanieli palvet esimesest päevast ja saatis ingli, et prohvetile seda kindlasti teada anda (Taaniel 10:12). Aga kuna õhuvalla vürst pani inglile kakskümmend üks päeva vastu, sai ingel Taanieli juurde alles viimasel päeval tulla ja Taaniel sai alles siis kindlalt vastuse teada (Taaniel 10:13-14).

Mis oleks juhtunud, kui Taaniel oleks alla andnud ja lõpetanud palvetamise? Kuigi Taaniel tundis ahastust ja ta jõud kadus pärast nägemuse nägemist, pingutas ta palves ja sai lõpuks Jumala vastuse.

Kui me püsime palves ja palume Jumala vastuste saamiseni, annab Jumal meile abi ja juhib meid palvevastusteni. Sellepärast ütles Jumala vastust toonud ingel prohvet Taanielile: „*Pärsia kuningriigi kaitseingel pani mulle vastu kakskümmend üks päeva; aga vaata, Miikael, üks peainglitest, tuli mulle appi ja ma jäin sinna, Pärsia kuningate kaitseingli juurde, ja tulin sulle õpetama seda, mis rahvale juhtub viimseil päevil, sest on veelgi üks nägemus neiks päeviks*" (Taaniel 10:13-14).

Milliste probleemide eest te palvetate? Kas te palvetate niisugust palvet, mis jõuab Jumala aujärjele? Taaniel otsustas alanduda, et Jumala näidatud nägemust mõista. Maiusrooga ma ei söönud ja liha ega veini ei tulnud mu suhu, ja ma ei võidnud ennast hoopiski mitte, kuni kolme nädala päevad olid täis saanud (Taaniel 10:3). Kui Taaniel alandus kolme nädala jooksul lubatud palves, kuulis Jumal ta palvet ja vastas talle esimesel päeval.

Pidage siin silmas, et kui Jumal kuulis Taanieli palvet ja vastas prohvetile esimesest päevast alates, kulus palvevastuste Taanielini jõudmiseks kolm nädalat. Paljud inimesed püüavad tõsise probleemi korral päeva või paar palvetada ja annavad kiiresti alla. Niisugune teguviis tunnistab vähesest usust.

Me vajame oma praeguse sugupõlve ajal südant, millega uskuda meile kindlasti vastavat Jumalat, vastu pidada ja palvetada, hoolimata Jumala vastuse saabumise ajast. Kuidas me võime oodata Jumalalt palvevastuste saamist, kui meil puudub püsivus?

Jumal annab omal ajal vihma, nii varajase kui hilise vihma ja seab lõikuseaja (Jeremija 5:24). Sellepärast ütles Jeesus: *„Seepärast ma ütlen teile: Kõike, mida te iganes palves endale palute – uskuge, et te olete saanud, ja see saabki teile!"* (Markuse 11:24) Kuna Taaniel uskus Jumalat, kes vastab palvele, pidas ta vastu ja ei katkestanud palvetamist enne Jumalalt vastuse saamist.

Piiblis kirjutatakse: *„Usk on loodetava tõelisus, nähtamatute asjade tõendus"* (Heebrealastele 11:1). Kui keegi on loobunud palvetamisest, sest ta pole veel Jumalalt vastust saanud, ei tohiks ta arvata, et tal on usku või et ta saab Jumalalt vastused. Kui tal on tõeline usk, ei mõtle ta hetkeolude peale, vaid palvetab selle asemel pidevalt ja alla andmata, sest ta usub, et Jumal, kes laseb meil külvatut lõigata ja tasub tehtu eest, vastab talle kindlasti.

Nii nagu kirjutatakse Efeslastele 5:7-8: *„Ärge siis saage nende kaaslasteks! Sest varem te olite pimedus, nüüd aga olete valgus Isandas. Käige nagu valguse lapsed,"* ma palun meie Isanda Jeesuse Kristuse nimel, et igaüks teie seast võiks olla tõelise usuga, Kõigeväelise Jumala poole palvetades püsida ja saada kõik palves palutu ja elada elu, täis Jumala õnnistust!

Autor:
Dr Jaerock Lee

Dr Jaerock Lee sündis 1943. aastal Muanis, Jeonnami provintsis, Korea Vabariigis. Kahekümnesena oli Dr Lee mitmete ravimatute haiguste tõttu seitse aastat haige ja ootas surma ilma paranemislootuseta. Kuid õde viis ta ühel 1974. aasta kevadpäeval kogudusse ja kui ta põlvitas, et palvetada, tervendas elav Jumal ta kohe kõigist haigustest.

Hetkest kui Dr Lee kohtus selle imelise kogemuse kaudu elava Jumalaga, on ta Jumalat kogu südamest siiralt armastanud ja Jumal kutsus ta 1978. aastal end teenima. Ta palvetas tuliselt, et ta võiks Jumala tahet selgelt mõista ja seda täielikult teha ning kuuletuda kogu Jumala Sõnale. 1982. aastal asutas ta Manmini koguduse Seoulis, Lõuna-Koreas ja tema koguduses on aset leidnud arvukad Jumala teod, kaasa arvatud imepärased tervenemised ja imed.

1986. aastal ordineeriti Dr Lee Korea Jeesuse Sungkyuli koguduse aastaassambleel pastoriks ja neli aastat hiljem – 1990. aastal, hakati tema jutlusi edastama Austraalia, Venemaa, Filipiinide ülekannetes ja paljudes muudes kohtades Kaug-Ida ringhäälingukompanii, Aasia ringhäälingujaama ja Washingtoni kristliku raadiosüsteemi vahendusel.

Kolm aastat hiljem, 1993. aastal, valis *Christian World (Kristliku maailma)* ajakiri (USA) Manmini Keskkoguduse üheks „Maailma 50 tähtsamast kogudusest" ja Christian Faith College *(Kristlik Usukolledž)*, Floridas, USA-s andis talle Teoloogia audoktori tiitli ja 1996. aastal sai ta Ph.D. teenistusalase kraadi Kingsway Teoloogiaseminarist Iowas, USA-s.

1993. aastast alates on Dr. Lee juhtinud maailma misjonitööd, viies läbi palju välismaiseid krusaade Tansaanias, Argentinas, L.A.-s, Baltimore City's, Havail ja New York City's USA-s, Ugandas, Jaapanis, Pakistanis, Kenyas, Filipiinidel, Hondurasel, Indias, Venemaal, Saksamaal, Peruus, Kongo Rahvavabariigis, Iisraelis ja Eestis.

2002. aastal kutsuti teda Korea peamistes kristlikes ajalehtedes tema väelise teenistuse tõttu erinevatel väliskoosolekusarjadel „ülemaailmseks äratusjutlustajaks". Ta kuulutas julgelt, et Jeesus Kristus on Messias ja Päästja eriti „New Yorki 2006. aasta koosolekusarja" käigus, mis toimus maailma kuulsaimal laval Madison Square Gardenis ja mida edastati 220 riiki ja Jeruusalemma rahvusvahelises koosolekukeskuses toimunud „2009. aasta Iisraeli ühendkoosolekute sarja" käigus.

Tema jutlusi edastatakse 176 riiki satelliitide kaudu, kaasa arvatud GCN TV ja ta kuulus Venemaa populaarse kristliku ajakirja In Victory *(Võidukas)* ja uudisteagentuuri Christian Telegraph *(Kristlik Telegraaf)* sõnul 2009. ja 2010. aastal oma vägeva teleedastusteenistuse ja välismaiste koguduste pastoriks olemise tõttu kümne kõige mõjukama kristliku juhi sekka.

2018. aasta juulis alates kooskneb Manmini Keskkogudus rohkem kui 130 000 liikmest. Kogudusel on 11000 sisemaist ja välismaist harukogudust, mille hulka kuuluvad 56 kodumaist harukogudust ja praeguseni on sealt välja lähetatud rohkem kui 100 misjonäri 26 maale, kaasa arvatud Ameerika Ühendriigid, Venemaa, Saksamaa, Kanada, Jaapan, Hiina, Prantsusmaa, India, Kenya ja paljud muud maad.

Tänaseni on Dr. Lee kirjutanud 112 raamatut, kaasa arvatud bestsellerid *Maitsedes Igavest elu Enne Surma, Minu Elu, Minu Usk I ja II osa, Risti Sõnum, Usu Mõõt, Taevas I ja II osa, Põrgu, Ärka Iisrael!* ja *Jumala Vägi* ja tema teosed on tõlgitud enam kui 76 keelde.

Tema kristlikud veerud ilmuvad väljaannetes *The Hankook Ilbo, The JoongAng Daily, The Chosun Ilbo, The Dong-A Ilbo, The Seoul Shinmun, The Hankyoreh Shinmun, The Kyunghyang Shinmun, The Korea Economic Daily, The Shisa News* ja *The Christian Press.*

Dr. Lee on praegu mitme misjoniorganisatsiooni ja –ühingu asutaja ja president, kaasa arvatud *Jeesus Kristus Ühendatud Pühaduse Koguduse* (The United Holiness Church of Jesus Christ) esimees; *Ülemaailmse Kristliku Äratusmisjoni Liidu* (The World Christianity Revival Mission Association) asutaja; *Ülemaailmse Kristliku Võrgu CGN* (Global Christian Network GCN) asutaja ja juhatuse esimees; *Ülemaailmse Kristlike Arstide Võrgu WCDN* (The World Christian Doctors Network WCDN) asutaja ja juhatuse esimees; *Manmini Rahvusvahelise Seminari MIS* (Manmin International Seminary MIS) asutaja ja juhatuse esimees.

Teised kaalukad teosed samalt autorilt

Taevas I & II

Üksikasjalik ülevaade taevakodanike toredast elukeskkonnast keset Jumala au ja taevariigi eri tasemete ilus kirjeldus.

Risti sõnum

Võimas äratussõnum kõigile, kes on vaimses unes! Sellest raamatust leiate te põhjuse, miks Jeesus on ainus Päästja ja tõeline Jumala armastus.

Põrgu

Tõsine sõnum kogu inimkonnale Jumalalt, kes soovib, et ükski hing ei sattuks põrgu sügavustesse! Te leiate mitte kunagi varem ilmutatud ülevaate surmavalla ja põrgu julmast tegelikkusest.

Vaim, hing ja ihu I & II

Teatmik, kust saab vaimse arusaama vaimu, hinge ja ihu kohta ja mis aitab meil avastada oma „mina", milleks meid tehti, et me saaksime pimeduse võitmiseks väe ja muutuksime vaimseks inimeseks.

Usumõõt

Missugune elukoht, aukroon ja tasu on sulle Taevas valmistatud? Sellest raamatust saab tarkust ja juhatust usu mõõtmiseks ja parima ning kõige küpsema usu arendamiseks.

Ärka, Iisrael

Miks on Jumal pidanud Iisraeli maailma algusest kuni tänapäevani silmas? Missugune Jumala ettehoole on lõpuajaks valmistatud Iisraelile, kes ootab Messiase tulekut?

Minu Elu ja Mu Usk I & II

Kõige hõrgum vaimne lõhn, mis tuleb Jumala armastusega õilmitsevast elust keset süngeid laineid, külma iket ja sügavaimat meeleheidet.

Jumala Vägi

Kohustuslik kirjandus, mis on vajalik juhis tõelise usu omamiseks ja Jumala imelise väe kogemiseks.

www.urimbooks.com

www.ingramcontent.com/pod-product-compliance
Lightning Source LLC
LaVergne TN
LVHW092052060526
838201LV00047B/1359